PIADAS
PARA SEMPRE

LIVRO 2

Livros do autor na Coleção **L&PM** POCKET

Piadas para sempre – Livro 1 (Cornos, família, bichas)
Piadas para sempre – Livro 2 (Médicos, sexo, bêbados)
Piadas para sempre – Livro 3 (Joãozinho, Juquinha e outras molecagens)
Piadas para sempre – Livro 4 (Louco, papagaio, religião, sogra, velhice)

Visconde da Casa Verde
apresenta

PIADAS
P A R A   S E M P R E

LIVRO **2**

MÉDICOS

SEXO

BÊBADOS

www.lpm.com.br

L&PM POCKET

Coleção **L&PM** POCKET, vol. 603

Texto de acordo com a nova ortografia.

Primeira edição na Coleção **L&PM** POCKET: outono de 2007
Esta reimpressão: junho de 2012

Produzido e editado por Vogtres edição e design para L&PM Editores
Conceito e edição geral: Antonio Mendes
Capa: Marco Cena
Editoração: Felipe Jaworski
Revisão: Fernanda Lisbôa

C336p   Casa Verde, Visconde da, Pseud.
            Piadas para sempre: livro 2 / Visconde da Casa Verde. –
       Porto Alegre : L&PM, 2012.
            128 p. ; 18 cm. – (Coleção L&PM POCKET; v. 603)

            ISBN: 978-85-254-1639-1

            1.Literatura brasileira-Humor. I.Título. II.Série.

                         CDU 821.134.3(81)-7

Catalogação elaborada por Izabel A. Merlo, CRB 10/329.

© 2006 by: Visconde da Casa Verde

Todos os direitos desta edição reservados a L&PM Editores
Rua Comendador Coruja, 314, loja 9 – Floresta – 90220-180
Porto Alegre – RS – Brasil / Fone: 51.3225.5777 – Fax: 51.3221.5380

Pedidos & Dpto. Comercial: vendas@lpm.com.br
Fale Conosco: info@lpm.com.br
www.lpm.com.br

Impresso no Brasil
Inverno de 2012

Piadas para sempre

O homem é o único animal que ri. Há quem discorde e afirme que a hiena também ri, mas só quando come merda. No Nordeste dizem que o corvo e o papagaio também dão suas gaitadas. Independentemente desse raciocínio: dos povos do mundo, o que mais ri é o brasileiro. O brasileiro não perdoa, ri e faz piada a toda hora. Debocha e esculhamba a si mesmo e aos outros. As mazelas e os equívocos do homem estão na origem de todas as piadas.

Neste segundo volume de *Piadas para sempre*, que tem como temas os médicos, o sexo e os bêbados, desfilam figuras antológicas nas piadas brasileiras. O bebum indiscreto e indecoroso, o médico mal-intencionado e sacana no ambiente sigiloso dos consultórios, a enfermeira assanhada, as grandes broxadas, o tamanho do pau e outras insignificâncias estão presentes neste livro.

As piadas desta edição foram recolhidas em publicações dos últimos quarenta anos, desde almanaques, revistas e jornais antigos, até as páginas atuais da internet.

Toninho Mendes

MÉDICOS

PACIENTE DO OUTRO MUNDO

Os dois médicos conversavam e um queria ser mais importante que o outro. Diz o primeiro:

– O colega há de ouvir que eu sou realmente um grande cirurgião. Só pra você ter uma ideia, fiz uma cirurgia tão difícil num paciente meu, que ele ficou conhecido no mundo inteiro.

E outro, não deixando por menos:

– Isso não é nada. E eu então, que operei um paciente que ficou conhecido até no outro mundo.

MULHER DE VERDADE

No quarto do hospital, um médico visita um paciente recém-operado.

– Sua operação foi um sucesso. Agora você já pode se considerar uma mulher de verdade.

– Mulher de verdade? Como assim, doutor?

– Ué, você não queria mudar de sexo?

– Queria sim, mas eu queria mudar o meu para um maior!

LONGA VIDA

O homem chega ao consultório, desesperado, porque um de seus testículos estava com uma cor azulada. O médico examina o local várias vezes e logo lhe dá o diagnóstico:

– Olhe, tenho que cortar urgentemente o testículo, pois ele está com um princípio de gangrena. Se eu não fizer nada, você pode até morrer.

No mesmo dia, o homem é operado. Depois de uns quinze dias, o sujeito volta ao médico:

– Doutor! Esta manhã notei que o outro testículo também estava azulado!

Preocupado, o médico volta a examinar o paciente e lhe dá o mesmo diagnóstico. No dia seguinte, o segundo testículo é amputado. Duas semanas depois, à beira de um ataque de nervos, o paciente regressa ao consultório:

– Doutor, doutor! Veja isto, agora é o meu pênis que está azulado. Não me diga que terei que cortá-lo também!

O doutor faz uma curta revisão no sujeito e confirma o triste diagnóstico! E submete o coitado a uma complicada cirurgia, na qual lhe amputa o pênis e, em seu lugar, coloca uma mangueirinha plástica transparente.

Três semanas depois o homem volta desesperado:

– Doutor, o senhor sabe o que está azul agora? A mangueirinha de plástico! E agora?

O médico, após tentar acalmá-lo, faz um exame completo e aprofundado. Horas depois, com o resultado dos testes na mão e uma cara de alívio, anuncia:

– Fique tranquilo, meu amigo, pois trago boas notícias. Você terá vida longa! Desta vez fiz exames minuciosos e não tenho mais dúvidas: seu jeans desbota!

DORES DO PARTO

Os dois médicos se encontram e um deles comenta:

– Cada coisa engraçada que acontece com a gente nessa profissão, não é, Rodolfo?

– O que foi?

– Imagina que ontem eu tive que resolver o problema de uma bicha que entrou no meu consultório dizendo que queria sentir as dores do parto, de qualquer jeito.

– E como é que você resolveu o problema "dela"?
– Simples. Costurei o cu e dei um puta laxante pra ela tomar.

APRESSADINHA

Uma mulher entra apressada num hospital e, assim que avista o primeiro homem de uniforme branco, já vai contando seu caso.

– Doutor, doutor! O senhor precisa me ajudar. Eu não consigo ter prazer em nenhum tipo de contato sexual.

– Bom, vamos ver... – responde o doutor. – Olha, eu vou precisar de um auxílio. Ô Vanderlei, ô Ribamar, me ajudem aqui com essa senhora.

Eles a levam para um consultório onde fazem sexo com a mulher de todas as formas possíveis e imagináveis. Ao final, extenuado, o Vanderlei fala:

– Realmente, a senhora não consegue ter prazer de jeito nenhum. Por que a senhora não consulta um ginecologista?

– Ué, vocês são o quê?
– Nós? Nós somos o pessoal da limpeza.

OTORRINOGINECOLOGISTA

O sujeito estava vendo o jogo do Palmeiras na televisão, bebendo cerveja e jogando amendoins pro alto e catando com a boca. De repente, a sua mulher o chamou da cozinha. Ele virou seu rosto pra responder à mulher e um amendoim caiu dentro do seu ouvido. Ele tentou, e tentou, e o amendoim não saía de jeito nenhum. A mulher tentou, tentou, tentou e também não conseguiu.

– Acho melhor a gente ir pro hospital.

Nisso, sua filha e o namorado saíam do quarto.

– Onde o papai está indo, mamãe? – perguntou a garota.

– Ao hospital. Um amendoim caiu dentro do ouvido dele – respondeu a mãe.

– Será que eu posso ajudar? – ofereceu o namorado da filha. Eles concordaram. Então o namorado da filha colocou dois dedos nas narinas do sujeito e pediu:

– Sopra bem forte.

O sujeito soprou e o amendoim saiu do ouvido. Os namorados saíram e a mulher comentou com o marido:

– Que rapaz inteligente. Que será que ele vai ser quando crescer? Será que ele vai ser médico?

– Com certeza. E, pelo cheiro dos dedos dele, vai ser ginecologista.

MATANDO A CURIOSIDADE

O cara foi fazer um exame médico no hospital. Terminada a consulta, o médico o chama a um canto e pergunta, meio curioso:

– Não é por nada, mas eu vi uma tatuagem em seu pênis que não consegui decifrar, parece uma palavra... REBUCO... Mas, afinal, o que é rebuco?

– Não é isso não... não é rebuco, doutor. É que meu pau tá mole. Na verdade, está escrito "Recordações de Pernambuco".

CAIXA DE SURPRESAS

Duas enfermeiras se encontram nos corredores do hospital e uma comenta com a outra, toda feliz:

— Acabei de comprar uma caixa com três pintinhos durinhos!
— Grande coisa – diz a outra.
— Ué, por quê?
— Se fossem molinhos, vinham muito mais!

PROBLEMA DE IDENTIDADE

O louco acaba de ser internado no hospício e anuncia em voz alta que é, nada mais nada menos, que D. Pedro. Mas aí começaram os problemas: acontece que naquele hospício já tinha um D. Pedro e o psiquiatra resolve botar os dois no mesmo quarto para ver se ajudava a curá-los.

Na manhã seguinte, quando vai atender o novo paciente, o psiquiatra tem uma surpresa:

— Ai, doutor... ainda bem que o senhor me ajudou. Faz um tempão que andava com esse problema, mas agora já sei que não sou o D. Pedro.

— Muito bom – diz o médico.

— É verdade – continua o louco, desmunhecando histérico –, agora sei que sou a Marquesa de Santos.

DOUTOR DESLIGADÃO

Naquele hospital bem moderno três pacientes são submetidos a uma operação de apêndice e fazem comentários entre eles:

— Acho que ele é um médico formidável – diz o primeiro paciente –, só que é distraído demais.

— O que ele fez? – quer saber o segundo.

— Ora, ele esqueceu as tesouras na minha barriga.

— E em mim – diz o terceiro paciente. – Ele esqueceu o bisturi.

É nessa hora que surge o médico:
— Meu Deus, onde posso ter deixado a minha maleta?

REPRODUÇÃO

— Doutor, quando eu era solteira, tive que abortar seis vezes, e agora que estou casada não consigo engravidar.

— É simples, minha filha. Você não está conseguindo reproduzir em cativeiro.

NO CONSULTÓRIO (1)

O capiau levou a mulher ao médico e disse:
— Doutor, ela tá com um incômodo assim — disse, apontando para o rim da esposa.
— A senhora bebe muita água? — perguntou o médico.
— Até que não — disse o marido.

E assim foi a consulta inteira, o marido sempre respondendo pela mulher, falando dos sintomas, dos seus hábitos e tudo o mais.

Até que, a certa altura, o doutor perguntou:
— A senhora urina com abundância?
— Não, não, isso não — disse o capiau —, ela mija é com a bucetância mesmo!

PROBLEMA RESOLVIDO

Era a primeira consulta que aquela gostosona sensacional fazia a um psicanalista. Quando ela entrou, ele foi logo ordenando:
— Tire toda a roupa e deite-se naquele divã.
— Mas...
— Vamos, vamos. Não podemos perder tempo.

A cliente obedeceu, o psicanalista também tirou a roupa, fez o serviço completo e, ao final, disse:

– Bem, meu problema já está resolvido. Agora, me diga: qual é o seu?

PERGUNTA INOCENTE

Advertido pela direção do hospital, o médico se desculpa, cabisbaixo:

– Sim, senhor diretor, admito que tratei mal a enfermeira-chefe. Sei que dona Lurdes é uma senhora de respeito... Mas deixa explicar: hoje acordei atrasado, o despertador não tocou. Aí, olhei pra meu lado e achei um bilhete da minha mulher dizendo que arrumou outro e ia me deixar. Depois, derramei café quente no meu uniforme novinho e levei um choque no chuveiro. Quando fui pra garagem, descobri que os pneus do meu carro estavam murchos. Tropecei num monte de lixo em frente ao hospital e, quando estava indo pra sala de cirurgia, tive que trocar minhas luvas, porque espetei um bisturi no dedo. Pois é, foi aí que a dona Lurdes falou:

– O paciente do quarto 37 morreu, doutor. Que é que eu faço com este supositório?

ESPERANÇA QUE NÃO MORRE

Duas enfermeiras velhinhas conversavam baixinho no corredor do hospital:

– Querida! Você, por acaso, já foi violentada por algum médico?

E a outra, ruminando:

– Não, nunca... Mas ainda não perdi as esperanças...

DOENÇA DE FAMÍLIA

No consultório, o médico, desanimado, diz para o paciente:

– Não posso fazer nada quanto à sua doença. Ela é hereditária!

E ele:

– Ah, é? Então, manda a conta pro meu pai!

CUIDADOS ESPECIAIS

Depois de examinar atentamente aquela paciente boazuda, de corpo fenomenal, o doutor recomenda:

– Não quero assustá-la, mas a senhorita precisa de cuidados especiais. Não precisa voltar pro trabalho hoje... melhor ir diretamente pra casa. Feche todas as cortinas, tire o telefone do gancho, dispense a empregada e se enfie debaixo dos lençóis.

Um pouco perturbada, a jovem disse:

– Que mais, doutor?

– Só abra a porta quando escutar dois toques curtos e um longo!

CAUSA & EFEITO

O sujeito diz para seu médico:

– Doutor, estou com um problema grande.

– O que é?

– É de ordem sexual, doutor.

– Pode dizer.

– É o seguinte: toda vez que eu coloco o pau na minha mulher, ela peida!

– O senhor deve ter o pênis muito grande.

– Bem... sim, um pouco.

O médico:

– Deixa eu dar uma olhadinha.

O sujeito abre a braguilha, arria a cueca com dificuldade e mostra um pênis enorme e grosso. O doutor fica horrorizado.

– É – diz o médico –, não é à toa que ela peida... Eu mesmo, só de olhar, já me caguei todo!

PACIENTE SATISFEITO

O sujeito chegou no médico e disse:

– Doutor, eu sinto que ando peidando que nem um condenado, mas não consigo ouvir os meus peidos, nem sentir o cheiro.

O médico não disse nada. Escreveu algo no seu receituário, destacou e entregou ao paciente:

– Volte daqui a uma semana.

Depois de uma semana, o cara volta:

– Doutor, olha, agora eu tô conseguindo ouvir os meus peidos, mas ainda não consigo sentir o cheiro deles!

O médico pegou o receituário, escreveu mais alguma coisa, em silêncio, destacou e entregou para o homem:

– Volte daqui a uma semana.

Após uma semana, o sujeito voltou bastante satisfeito:

– Doutor, que maravilha, o senhor é um gênio. Agora, eu ouço os meus peidos e sinto o cheiro deles... Afinal, que remédios o senhor me receitou?

– Um remédio para surdez e outro para nariz entupido.

A CAMISINHA

O pediatra foi acordado no meio da noite com o telefonema daquela mãe aflita:

– Doutor, doutor, corre aqui, pelo amor de Deus. O meu filho acaba de engolir uma camisinha!

O médico não teve outra saída: começou a se vestir para socorrer a criança, mas nisso o telefone voltou a tocar. Era a mesma mulher, já mais aliviada:

– Doutor, me desculpe, pode voltar a dormir. O meu marido encontrou outra camisinha!

DOIS TOQUES

O médico proctologista mandou o executivo – que fora procurá-lo por indicação de um clínico –, tirar a roupa e deitar na caminha da sala de exame. Fez o primeiro toque no ânus com um dedo e, logo depois, enfiou dois, o que desagradou o paciente, que exclamou:

– Porra, doutor... por que você está usando dois dedos?

– Eu imaginei que o senhor iria querer uma segunda opinião!

O ANESTESISTA

Sujeito conhece a mocinha numa festa, se apaixona perdidamente e depois de muita conversa consegue levá-la a um motel. Dia seguinte, enquanto ele cantarola no banheiro, todo empolgado, ela faz uma perguntinha:

– Você é médico, não é?

– Sou – diz ele. – Mas como você descobriu?

– Intuição feminina. E digo mais: é anestesista.

Ele fica mais admirado ainda:

– Nossa, que fantástico. Como foi que adivinhou?
– Porque não senti rigorosamente nada a noite inteira.

INOCENTE E PRESTATIVA

O médico se aproxima da enfermeira gostosona e avisa:
– Dona Solange, a senhora está proibida de atender aquele paciente do quarto 22.
– Proibida por quê, doutor? – pergunta a enfermeira, inocente e prestativa.
– Porque toda vez que a senhora entra no quarto, arrebenta os pontos do pobre rapaz.
E a enfermeira, se desculpando:
– Ah, doutor, que pena. É que eu não sabia que ele tinha sido operado de fimose.

CÃO DINAMARQUÊS

Viviane levou seu gigantesco dinamarquês ao veterinário:
– Doutor, o senhor precisa curar o meu cachorro!
– O que ele tem? – pergunta o doutor.
– Ele tem um vício muito estranho: persegue todos os carros que passam na frente da minha casa!
– Ora, dona Viviane, não se preocupe. Isso não tem nada de estranho. É normal, pois a maioria dos cães corre mesmo atrás dos automóveis.
– Ah, é? E depois enterra os motoristas no jardim?

A BARATA

A enfermeira entrou correndo, desesperada, no consultório do doutor Epitácio:

– Doutor, tem uma barata enorme na sala de espera.

– É convênio ou particular?

MAL DE CHAGAS

No consultório, o médico examina a paciente e diagnostica:

– A senhora está com Mal de Chagas.

– Chagas. Que é isso, doutor?

– É uma doença que ataca o coração. A gente pega quando é mordido por um barbeiro.

E a paciente, furiosa:

– Barbeiro? Mas ele me disse que era advogado.

GAGUEIRA

E o médico pergunta.

– Sua filha sempre gagueja dessa maneira?

– Não, doutor, só quando quer falar.

CLEPTOMANIA

– Doutor, estou curado – fala o feliz paciente para o analista.

– É, eu também acho que está. Aliás, eu já ia dar alta mesmo.

– Que bom, doutor, quer dizer que eu nunca mais vou roubar?

– Acho que não. Acho que você já superou essa cleptomania.

– Ótimo. Mas, escuta, e se eu tiver uma recaída?

– Nesse caso, vê se me arruma uma dessas calculadorazinhas japonesas.

DIAGNÓSTICO

O médico termina o plantão noturno e entra num boteco, morto de fome. Quando o garçom chega perto da mesa para anotar o pedido, começa a espirrar que nem um desesperado.

– Rinite vasomotoral – diz o médico, olhando o cardápio.

– Desculpe, doutor, mas só temos o que está aí. Escolha outro prato, por favor.

SEM SOLUÇÃO

Uma moça pequena, feinha, cara de boba, marcou hora com o psiquiatra:

– Ah, doutor, eu sou um caso difícil. Ninguém repara em mim, ninguém me dá bola, todos me ignoram solenemente.

E o psiquiatra, gritando na direção da sala de espera:

– O próximo, por favor.

APARÊNCIA

O médico sai do quarto de seu Olavo, funcionário público aposentado, e, com expressão grave, diz à esposa dele:

– Vou ser franco com a senhora, dona Rita. Não gosto nada da aparência do seu marido.

E ela, com ar de cúmplice:

– Pra dizer a verdade, doutor, eu também não, mas ele sempre foi tão bom para as crianças...

AULA PRÁTICA

Primeira aula prática na faculdade de medicina. A turma assistia a uma complicada cirurgia, quando o cirurgião-chefe perguntou ao grupo:

– Vocês devem estar me achando um verdadeiro açougueiro, não?

Após algum silêncio, Joca, que entrara na quinta chamada do vestibular, respondeu:

– De maneira alguma, professor, os açougueiros primeiro matam e só depois é que cortam.

A PERGUNTA

– Você está doente? – perguntou dona Isabel ao amigo.

– Não, por quê?

– Ora, você estava saindo da farmácia!

– E daí? Quer dizer que se eu estivesse saindo do cemitério estaria morto?

AS MARCAS

– Você sabe por que os cirurgiões usam luvas de borracha?

– Não.

– Pra não deixarem impressões digitais.

QUASE

Depois de ser atendido pelo médico, Geraldo sai do consultório e encontra um amigo:

– E aí, tudo bem? O doutor descobriu o que você tinha?

– Quase. Eu tinha 85 reais e ele cobrou oitenta.

OS COMPRIMIDOS

O jovem e bem-sucedido empresário está se divertindo altas horas da noite numa boate da moda, quando dá de cara com seu psiquiatra.

– Ora, ora, você de novo! O senhor sempre vai ao meu consultório pedindo comprimidos para dormir e esta já é a terceira vez que o encontro nesta boate.

O jovem se inclina e diz no ouvido do psiquiatra:

– Doutor, os comprimidos são para minha mulher!

A MÁSCARA

Diz o paciente, na mesa de operação:

– Pode tirar a máscara, doutor. Pensa que não o reconheci?

RECEITINHA

O médico recém-formado, ocupando o consultório do pai numa cidadezinha do interior, chega em casa alegre e diz:

– Pai, o senhor conhece o doutor Ariovaldo, aquele advogado?

– Claro que conheço, filho, ele é dono de quase metade desta cidade. E daí?

– Ele tinha uma dor do lado direito havia mais de quarenta anos. Eu passei uma receitinha e ele me disse que a dor sumiu.

Pensativo, depois de alguns segundos o pai falou:

– E agora, meu filho? Como é que você vai ganhar dinheiro para mandar seus filhos estudarem na capital?

LÍNGUA MORTA

– Você sabe por que os médicos quando estão na sala de cirurgia falam tudo em latim?
– Não.
– Pra acostumar o paciente a uma língua morta.

OS PRETENDENTES

A moça, por algum tempo, ficou em dúvida entre tantos pretendentes, mas, por fim, escolheu aquele que o pai, médico, menos gostava. Certa noite, o pai pergunta:
– Minha filha, você disse sim ao sujeito que eu considero completamente incapaz para a vida matrimonial?
– Disse, papai.
– E daí?
– Daí que ele me provou como foi falho o seu diagnóstico.

DESMAIO

Quatro enfermeiras resolveram pregar um trote no novo médico que tinha começado a trabalhar no hospital. Depois do plantão, elas se encontraram, e a primeira contou o que havia feito:
– Eu coloquei algodão no estetoscópio.
– Eu mudei os nomes de algumas fichas de pacientes – disse a segunda.
– Eu fiz uma coisa mais íntima – contou a terceira. – Encontrei um pacotinho de preservativos na gaveta dele e furei todos com um alfinete.
Nesse momento, a quarta desmaiou.

O QUÊ? ....

Um casal de caipiras vai ao médico da cidadezinha. Os dois lá na sala de espera, até que a enfermeira chama a mulher.

– É a sua vez, pode entrar. O senhor terá que esperar aqui mesmo.

O capiau senta de novo e ela entra. Ao final da consulta, o médico diz pra ela:

– Não vai ser desta vez ainda. A senhora não tem nada, mas precisa de um supositório para regular o...

– Supo... O quê, doutor?

– Supositório – diz o médico, mostrando a pílula, acrescentando: – Isso aqui a senhora introduz no reto.

A mulher não entende, mas fica calada. Ao sair, chega pro marido e pergunta o que é que ela tinha de fazer. O homem também não sabe e manda ela entrar de novo para perguntar pro médico.

– Oi, doutor, o senhor me adescurpa, mas eu não entendi direito onde é que coloca o remédio.

– Ah, sim, eu usei um termo muito técnico – diz o médico. – A senhora tem que introduzi-lo no ânus.

Ela sai e conta a nova versão pro marido. De novo, os dois ficam sem entender e ele diz:

– Volta lá, mulher, pregunta de novo.

– Eu não. Já pensou se o doutor se zanga e manda eu enfiar o remédio no cu?

NOTÍCIAS RUINS ....

O telefone tocou e o doutor Aristodemus, do outro lado da linha, disse:

– Tenho duas notícias ruins para o senhor, seu Flávio.

Resignado, o paciente perguntou:
– Qual é a primeira, doutor?
– O senhor tem somente 24 horas de vida.
– Meu Deus! O que pode ser pior do que isso, doutor?
– É que eu deveria ter dado esta notícia ontem, mas esqueci.

ENTRADA DO FUNDO

O médico chega no céu, São Pedro olha pra ele e pergunta a profissão. O cara diz:
– Eu era médico....
– Porta errada, meu filho. Você tem que se apresentar lá nos fundos.
– Nos fundos? Por quê?
– Entrada de fornecedores.

MAIS ESPERTO

– Doutor, eu gostaria que o senhor me desse alguma coisa pra ficar esperto.
– Muito bem, eu tenho justamente o que você precisa. Tome estas pílulas duas vezes ao dia, uma semana.
Uma semana depois:
– Doutor, acho que não fez muito efeito, não...
– Então, tome três por dia e volte daqui a uma semana.
Na semana seguinte:
– Olha, doutor, eu sei que não fiquei mais esperto. O senhor tem certeza de que esse remédio não é bolinha de açúcar?
– Ora viva, começou a fazer efeito.

O FENÔMENO

O negrão entra no consultório e o médico manda o cara tirar a roupa. Quando ele fica pelado, o médico olha assustado pro troço do rapaz, que é totalmente branco, contrastando com o resto do corpo.

– Mas o senhor é um fenômeno da ciência. Em toda a minha vida de médico, eu nunca vi um negrão feito o senhor com um tremendo cacetão branco. Precisamos comunicar isso à comunidade científica...

E o negrão:

– Eu não sou crioulo não, doutor, é que sou mecânico de automóveis e estou em lua de mel.

FAMA MUNDIAL

Depois de um longo e rigoroso exame, o médico senta-se, pensativo. Naquele clima, o paciente pergunta:

– Seja franco, doutor, é grave?

O médico se levanta, dá uma volta com as mãos às costas e diz:

– Vamos colocar da seguinte maneira, meu caro: se eu conseguir curá-lo, serei mundialmente famoso!

MATERIAL PORNOGRÁFICO

O sujeito vai ao psiquiatra, que lhe mostra um triângulo e pergunta:

– O que é isto?

– Uma fechadura. Já imagino que tipo de sujeira deve estar rolando aí dentro.

– E isto? – fala o doutor, mostrando um retângulo.

– Uma janela de motel. Já imagino quanta sujeira deve estar acontecendo aí dentro.

– E isto? – mostra um círculo.
– Um olho mágico. Ah, deve estar rolando a maior sujeira aí dentro.
– É, não tenho dúvidas: você tem realmente problemas sexuais.
– Eu tenho problemas sexuais? E o senhor, que ficou me mostrando todo esse material pornográfico?

INSÔNIA

Almeida sofria de insônia. Ia dormir de madrugada, depois de assistir a todos os noticiários e filmes. Quando ouvia o despertador, cochilava de novo e, invariavelmente, chegava atrasado ao trabalho. Resolveu então procurar um médico, que lhe receitou umas pílulas infalíveis. Pela manhã, acordou bem-disposto, antes mesmo do despertador tocar. Ao chegar ao escritório pontualmente, foi contar a novidade ao chefe:
– As pílulas que o médico me receitou funcionam mesmo. Não tive nenhum problema em acordar hoje de manhã.
– Que bom – respondeu o chefe. – Mas onde é que o senhor esteve ontem?

A MANCHA

No consultório médico, um crioulo entra com um sapo grudado na cabeça.
O doutor se espanta:
– Nossa, o que é isso?
O sapo responde:
– Não sei, doutor. No começo, era uma manchinha preta deste tamanhinho. Foi crescendo, crescendo...

APÓS AS REFEIÇÕES

O cara supermagro, abatido, um trapo, vai ao médico, que o examina e manda:

– Seguinte: você tem que parar de fumar. No máximo, um cigarrinho após as refeições.

Passa um mês, volta o sujeito, gordo que nem um porco, esbelto, um monstro de vitalidade.

– Puxa – espanta-se o médico –, parece que o tratamento deu certo.

– Pudera! Com vinte refeições por dia...

BANHO DE LEITE

Um belo dia, o sujeito viajou e ficou hospedado num hotel do interior. Mas continuou um tratamento médico: subia toda noite para o quarto com um copo de leite na mão e pimba, mergulhava o dito cujo para o banho.

Pela manhã, a arrumadeira ia dar um jeito no quarto, trocar os lençóis, a fronha e via, lá no criado-mudo, o copo de leite intacto, cheinho. Ficou intrigada: "Ora, pra que esse sujeito quer um copo de leite toda noite, se ele não toma?"

Na noite seguinte, lá vai o sujeito pro quarto com o copo de leite.

A arrumadeira, resolvendo averiguar aquele enigma, ficou de butuca na fechadura. E tomou o maior susto quando o cara botou o pau dentro do copo. Coçou a cabeça e disse:

– Vige santa, vivendo e aprendendo. Eu tô com cinquenta anos de idade e nunca imaginei que isso se enchesse como caneta-tinteiro!

APARTAMENTO VAGO.................................

E o médico, analisando atentamente o raio X de um paciente à sua frente, liga para a mulher:

– Querida, imagine só, estou sabendo de um apartamento que vai ficar vago logo, logo.

DELICADEZA.......................................

O cara acaba de ser internado no hospital, batem na porta e entra uma sujeitinha de óculos, dizendo ser a médica do caso e pede pra ele tirar a roupa.

– Tudo?
– É, tudo.

O sujeito se despe, meio constrangido, e a doutora o examina de alto a baixo. Depois, manda que ele se vista e diz:

– O senhor tem alguma pergunta para fazer?
– Só uma, doutora, por que a senhora bateu na porta?

TUDO IGUAL ....

Jesus andava com mil problemas de consciência em relação aos humanos, achava inclusive que tinha deixado todo mundo na mão e coisa e tal. Num belo dia, resolve descer à Terra e dar uma mãozinha pro pessoal que andava sofrendo que nem cachorro.

Dá uma primeira passadinha num hospital e vê a tragédia: gente sem pernas, braços, morrendo de AIDS, tuberculose, cólera, médicos jogando truco enquanto o efeito da anestesia do paciente com a barriga aberta estava passando, enfermeira distraída trocando os remédios de um sifilítico com um que tem labirintite etc.

Jesus vê tudo aquilo e manda ver. Chega perto de um aleijado e ordena:

– Levanta-te e anda!

O aleijado dá uma encarada em Jesus e diz:

– Pô, cara, andar como? Eu sou aleijado, porra!

Jesus, no melhor estilo bíblico, repete:

– Levanta-te e anda!

O cara, mesmo achando tudo aquilo uma palhaçada, faz um esforcinho e – milagre – consegue mesmo levantar da cadeira de rodas e ensaia uns passinhos. Já completamente curado, se despede dos amigos e se dirige para a saída do hospital.

Na escadaria encontra um amigo que lhe pergunta:

– Esse hospital é bom? Como são os médicos?

E o cara responde:

– Como todos: nem fazem consulta e já mandam andar.

TUDO ERRADO

A mulher entra apressada e pergunta:

– Doutor, gostaria de saber o que há de errado comigo.

– Três coisas, minha senhora. Primeiro, a senhora está gorda demais. Segundo, seus dentes estão em petição de miséria. E terceiro: a senhora precisa de óculos, pois aqui é uma imobiliária.

DOENÇA LEGAL

– Doutor, depois de um minuto eu esqueço tudo o que a minha mulher me falou.

E o médico:

– Mas, meu senhor, isso não é uma doença, é uma bênção dos céus.

MÉTODO

O médico curvou-se sobre o paciente, bateu duas vezes em seu peito e escutou.
– Por que o senhor fez isso?
– Não tenho a menor ideia. Eu vi no cinema...

O EXAME

O médico pediu ao paciente que fosse até a janela, se debruçasse e pusesse a língua pra fora o mais que conseguisse. O paciente fez o que o doutor pediu, voltou e perguntou:
– Que tipo de exame é esse?
– Não é exame nenhum. É que eu detesto essa vizinhança de merda.

ESCLEROSE

As três velhinhas já estavam entrando na esclerose braba, viviam se esquecendo de tudo, trocando nomes, confundindo filhos com netos e por aí afora. Mas eram muito amigas, sempre se encontravam à tarde para os chás com bolachas...

Um dia, Madalena chama o sobrinho para ajudá-la na reunião, pois era a vez dela ser a anfitriã. O sobrinho marca num papel a lista de compras que iria fazer no supermercado. Enquanto isso, Madalena deixa um bilhete na cozinha de tudo o que o sobrinho precisaria fazer depois: "Sirva o chá, o pão de queijo e o bolo inglês e, depois, os biscoitos de polvilho, juntamente com as geleias".

As amigas chegam, e Madalena vai até a cozinha, vê o lembrete e prepara o chá. Quando o chá acaba, ela volta pra cozinha, vê o bilhete e torna a fazer e servir o chá. E assim passa a tarde inteira servindo chá, até que as duas vão embora. No caminho, uma delas chega pra outra e comenta:

– Esquisita a Madalena... Nem um chá pras visitas ela serve!

– Madalena? Você a viu quando? – comenta a outra.

À noite, o sobrinho da Madalena pergunta:

– Então, como foi o chá?

– Perdi meu tempo – diz a velha –, elas nem apareceram!

FILHO LEGÍTIMO

A jovem esposa, depois de um ano de casada, não engravida. Como era de uma família de parideiras, vai ao ginecologista. Chegando lá, o doutor fez as primeiras perguntas e logo deu a ordem clássica:

– Vá para aquela sala ao lado, tire a roupa e me espere.

Aí a mocinha começou a chorar copiosamente. O médico, não entendendo aquilo, perguntou por que ela estava chorando. E ela:

– É que eu amo muito o meu marido e gostaria que o filho fosse dele.

SABE DEMAIS

O paciente chega ao consultório do analista e lhe aponta um revólver na cabeça:

– Você me ajudou muito, mas o problema é que você sabe demais.

MEMÓRIA CONFUSA

O telefone toca, e a madame, do outro lado da linha:
– Doutor, me faz um favor, veja se não esqueci a minha calcinha aí, no seu consultório.

O médico dá uma geral e não encontra nada.
– Lamento, minha senhora, mas não ficou aqui, não.

Silêncio do outro lado. De repente:
– Ah... Desculpe, doutor. Agora me lembrei. Foi lá no dentista.

AO TELEFONE

A jovem senhora resolve ir ao analista, convencida de que tinha realmente alguns problemas. Na primeira entrevista, o psiquiatra lhe diz:
– Muito bem, já tenho dados suficientes para chegar à conclusão de que a senhora tem problemas de origem sexual. Agora, eu preciso de algumas informações mais detalhadas sobre o seu comportamento. Diga-me: a senhora fala com seu marido durante o ato sexual?

E ela:
– Tendo um telefone por perto, claro, doutor.

QUEM É O CLIENTE

O médico e a esposa estão andando pela rua, quando passa uma mulher dessas de folhinha de mecânico, peitão, coxona, toda rebolante como uma onda do mar, de endoidar qualquer um, e dá o maior sorriso pro médico. E a esposa pergunta:
– Quem é a moça?

E o doutor, meio encabulado:
– Cliente.

E a mulher:
– Sei, mas cliente sua ou cliente dela?

APOSTA

– Pra mim, isso é febre tifoide.
– Que é isso, caro colega, por aqui não tem essas coisas, não.

E o coitado lá, deitadão na cama, só ouvindo o papo dos médicos.

– Como não? Veja só os sintomas.
– Aposto como não é tifo.
– Tá valendo. Caso cem reais.
– Feito.

E o cara lá, tremendo, esperando no que ia dar.

– Vamos deixar casado com quem?
– Chama a enfermeira.
– Enfermeira, guarda cem paus dele e cem meus. É uma aposta. Ele diz que é tifo e eu digo que não é.
– Falou! – disse a enfermeira.

Os três foram saindo e o cara, da cama, ainda ouviu o resto da conversa.

– E quem é que vai decidir? – perguntou a enfermeira.
– A gente vê depois, na necrópsia.

PONTO DE VISTA

Na sala de espera de um grande hospital, o médico chega para um sujeito muito nervoso e diz:

– Tenho uma péssima notícia para lhe dar... A cirurgia que fizemos em sua mãe...
– Ah... Ela não é minha mãe, é minha sogra, doutor.
– Nesse caso, tenho uma boa notícia para lhe dar.

NO OCULISTA

O velho aposentado procura o oculista da Previdência. E o doutor:

– Leia o que está escrito naquele cartaz!

– Mas, doutor... Não tô vendo nem o cartaz!

E o oculista:

– Realmente, não tem nenhum cartaz ali. A sua vista está boa, não precisa de óculos.

CELEBRIDADE

Um médico famoso mundialmente veio ao Brasil participar de um congresso. Aquele corre-corre no hotel de convenções, todo mundo querendo ver e conhecer de perto a celebridade. Figurões da alta sociedade se apinhando pelos corredores. Médicos e cirurgiões se acotovelando.

Finalmente, depois da conferência, os colegas brasileiros insistiram para que ele fizesse uma operação ao vivo e em cores, para demonstrar sua técnica revolucionária de extração do apêndice sem deixar a mínima marca de cicatriz. O voluntário foi um jovem médico que iria se casar dali a duas semanas. Ao acordar da anestesia, o sujeito percebe que a metade inferior de seu corpo está totalmente recoberta de bandagens e curativos.

Ele chama a enfermeira:

– O que significa isto? Ele me prometeu que não haveria cicatriz alguma.

E ela:

– Sabe o que foi? O doutor fez a operação num enorme anfiteatro com mais de cem médicos na plateia.

— E daí?
— Daí que, quando ele terminou, todos o ovacionaram de pé. Ele agradeceu várias vezes, mas os aplausos continuaram durante muito tempo.
— E daí?
— Daí, então, a plateia pediu bis. Para não decepcionar, o doutor aproveitou e fez uma circuncisão.

URGENTE

O paciente recém-operado começa a berrar e espernear assim que o efeito da anestesia passa:
— Que porra é essa? Como é que eu vim parar aqui?
O cirurgião, estranhando aquelas reclamações todas, entra no quarto:
— Calma, meu rapaz. Ontem à noite, você entrou aqui gritando que era urgente, e nós já resolvemos o seu problema. Atendemos o mais rápido que nos foi possível e extraímos seu apêndice. A operação foi um sucesso.
— Mas, doutor... Eu só vim entregar um telegrama!

TUDO EMPERRADO

A mulher começa a passar mal e o Joaquim chama o doutor, velho médico da família. Ele chega rápido e vai direto pro quarto da madame. Em seguida, sai por um momento e pede:
— Joaquim, poderia me arrumaire um alicate?
O homem acha estranho, mas dá o alicate pro doutor. Mas logo o médico sai de novo e pede:
— Seria pedir muito se o senhor me arranjasse uma chave de fenda?

O Joaquim, já receoso do que poderia estar acontecendo com a sua Maria, vai pegar a chave de fenda e entrega pro doutor. Minutos depois, o médico, todo suado, bota a cara pra fora do quarto e grita:

– Joaquim, agora um serrote, se me faz um favoire.

E o homem:

– Mas, doutoire, alicate, serrote, chave de fenda... O que o senhor está a fazere com a minha mulher?

– Por enquanto nada, só estava a tentaire abrir a minha maleta.

PNEUMONIA

– Doutor, o senhor tem certeza que eu estou com pneumonia? Às vezes os médicos diagnosticam pneumonia e o doente morre mesmo é de outra doença.

– Pode ficar tranquilo. Quando eu digo que é pneumonia o cliente morre é de pneumonia mesmo.

ALEGRIA DE VIVER

O sujeito, no consultório, suspira meio triste pelo diagnóstico:

– Puxa, doutor, eu nunca poderia imaginar que sofro de problemas cardíacos!

– O senhor viu como foi bom ter vindo ao médico? Do contrário, o senhor continuaria a viver alegre, despreocupado e ficaria velho, sem sequer suspeitar que é um homem doente...

TOSSE BRAVA

O sujeito chega na farmácia com o nariz vermelho e pingando, sobretudo abotoado até o pescoço, tossindo que nem um cachorro.

– Queria um remédio pra tosse que funcione mesmo, eu já não aguento mais. Já tomei de tudo e nada adiantou.

O farmacêutico vai lá atrás, pega um laxante e entrega pro cara, dizendo ser um santo remédio.

– Mas isto aqui é um laxante. Não é pra tosse.
– Mas é eficientíssimo!
– Contra a tosse?
– Meu amigo, tomando o laxante, o senhor não vai se atrever a tossir.

EM FAMÍLIA

Apavorado, sujeito telefona para o médico:
– Doutor, uma desgraça, meu filho de quinze anos tá com gonorreia!

– Isso não é nada – tranquiliza o doutor. – Hoje em dia, isso se cura com um antibiótico baratinho. É só não deixar ele transar com mais ninguém.

– Pois é esse o problema – diz o sujeito –, ele andou comendo a empregada.

– Então, é bom ela se tratar também – diz o médico.
E o cara:

– Aí é que está: acontece que um dia minha mulher foi viajar e eu andei dando umas bimbadas na empregada.

– Nesse caso, o senhor também vai ter que entrar no antibiótico.

– E o pior de tudo é que depois disso eu andei transando com a minha mulher.
– Puta merda – diz o médico –, então eu também tô ferrado.

SETE VEZES

Na aula inaugural da faculdade de Medicina, um velho professor pergunta para uma das alunas:
– Agora, vamos testar o conhecimento de vocês: qual a parte do corpo do homem que pode aumentar até sete vezes o seu tamanho?
E a mocinha, toda encabulada:
– Ah, professor, não tenho coragem de responder.
– Então, você vai tirar um zero logo de cara, menina. Isso é pra deixar de ser maliciosa, pois a resposta certa é pupila. E outra coisa: você terá grandes decepções pela vida!

CHECKUP

Um sujeito muito sério, de terninho e gravata, entra no consultório médico para fazer um *checkup* e exames de rotina. O doutor pergunta:
– Quantas vezes por mês o senhor tem relações sexuais?
– Duas – responde o senhor, meio sem jeito.
O médico coça a cabeça e comenta:
– Só isso? Mas a sua saúde é perfeita, está em plena forma, no auge do vigor físico. Eu, que sou bem mais velho que o senhor, transo pelo menos quatro vezes por mês.
E o paciente:

– Isso pode ser normal pro senhor, que é médico, mas não para mim, que sou bispo!

CASAL ORIENTAL

Dois japoneses – um japonês e uma japonesa – entram num consultório médico. Eles se sentam lado a lado e ficam aguardando na sala de espera.

Passados alguns minutos, o médico entreabre a porta e chama:

– Dona Mitiko, por favor.

A japonesa se levanta e entra. O japonês continua sentado. Ela sofre de hemorroidas e o médico a submete a um apurado exame. Olha aqui, olha ali, mexe, pensa, considera, olha de novo e, por fim, conclui:

– Isso não está nada bom. A senhora vai ter que operar.

A japonesa dá um salto:

– De jeito nenhum. Operação, nunca!

– Mas, minha senhora é preciso...

– Nunca! – interrompe ela, com determinação oriental.

– Não há outra alternativa...

– Nunca!

O médico suspira, levanta-se e diz a ela:

– A senhora aguarde um momentinho, por favor.

Vai até a sala de espera e fala para o japonês:

– O senhor pode me acompanhar um instante?

O japonês se levanta e acompanha o médico até o consultório, o doutor pede à japonesa que se coloque de quatro, em posição de exame outra vez. Começa então a mexer ali e acolá e a mostrar para o japonês:

– O senhor está vendo isso? E isso? E mais isso?

O japonês, interessado, mas um pouco constrangido:

– Sim... Claro... Sim...

O médico finaliza o exame criterioso e se dirige ao japonês:

– Muito bem! Ela não quer fazer a cirurgia! Eu digo que ela tem que fazer, e com urgência! Agora, por favor, eu gostaria da sua opinião!

O japonês fica calado por alguns segundos, pensativo. Em seguida fala, embaraçado:

– O doutor me desculpe, né? Mas eu não posso dar minha opinião.

– Mas por que não?! – admira-se o médico.

– Por duas razões, né? Primeiro, porque eu não sou médico. Segundo, por que jamais vi essa senhora em toda a minha vida.

O PRESENTE

O artista plástico, desses que fazem quadros e gravuras, sofreu um acidente no olho que quase o deixou cego. Foi socorrido por um médico oculista que o submeteu a uma delicada cirurgia às pressas que salvou o olho do sujeito. O artista, de tão agradecido, resolve homenagear o médico e pinta um enorme olho em acrílico com a foto do doutor no meio. Quando vai entregar a obra de arte no consultório, pergunta:

– E aí, doutor, o que achou do presente?

E o médico:

– Ainda bem que não o curei de hemorroidas.

O COMEÇO ....

– Agora vamos por partes – diz o psiquiatra para o paciente. – Como foi o começo para o senhor?

– Bem, doutor, no começo, eu criei o Céu e a Terra...

A VONTADE DE DEUS ....

Na sala de espera da maternidade, o sujeito está andando de um lado pro outro, fumando que nem um desgraçado. Afinal, era o seu primeiro filho e a demora começava a preocupá-lo, a mulher já estava há mais de três horas na sala de parto e nada.

Finalmente, o doutor entra na sala, com uma expressão preocupada, e se aproxima do cara:

– Meu senhor, sabe, nem sempre as coisas saem como a gente quer, há partos mais difíceis que outros e...

– Diga, doutor, pode dizer. A criança morreu?

– Pior, muito pior, meu caro...

– Minha mulher morreu? – pergunta o sujeito desesperado, quase em prantos.

– Pior, muito pior – diz o médico.

– Doutor, eu sou católico, posso suportar qualquer coisa que vier.

O médico respira fundo e manda:

– Tenho o pesar de informá-lo que seu filho nasceu sem as pernas.

O sujeito tem um choque, quase desmaia, perde a respiração. Minutos depois, já recuperado, diz:

– Tudo bem, doutor, foi Deus quem quis assim. Posso ver o menino?

E o doutor:

– Um momento só. Eu tenho mais coisas para lhe dizer. Ele também nasceu sem os braços.

Era demais. O cara passa mal, olha para cima, como que querendo pedir ajuda aos céus, resmunga alguma coisa entre dentes etc. Uma vez restabelecido do baque, insiste em querer ver o fi!ho de qualquer jeito.

Mas o médico adverte:

– Meu senhor, eu... Eu nem sei como lhe dizer... O seu filho também nasceu sem o tronco...

O pai perde o rebolado, tem um ataque, cai no chão, estrebucha, soltando bolhas de loucura boca afora. Já aos prantos, completamente resignado, insiste que quer ver o filho, que, apesar de tudo, é seu filho etc. etc., mas o médico continua:

– Eu sei que já é demais para o senhor... Mas o senhor tem que encarar a realidade: seu filho também nasceu sem cabeça. Ele tem apenas uma orelha.

O sujeito, reduzido a um trapo, branco, chorando muito, é levado à UTI. Lá dentro, ainda consegue recobrar os sentidos e pede para que tragam o filho.

Chega a enfermeira com um embrulho nos braços. Enrolada numa mantinha, lá estava uma enorme orelha.O pai, comovido, exclama, entre lágrimas de afeição:

– Meu filho!

E a enfermeira:

– Fale mais alto. Ele é meio surdo!

DISTÂNCIA

O médico pergunta ao paciente:

– O senhor urina com facilidade?

— Como, doutor?

O médico aponta para o fundo do laboratório, onde estão enfileirados alguns frascos com amostras de urina, e pergunta:

— Consegue urinar?

— Daqui até lá, não.

PRA QUE TANTO?

O camarada se consulta com o médico:

— O senhor acha que eu chego aos cem anos?

— O senhor fuma ou bebe?

— Nunca fumei e nunca bebi!

— O senhor joga, dirige carros em alta velocidade, sai com mulheres?

— Não, doutor! Não faço nada disso!

— Mas então por que o senhor quer viver até os cem anos?

SEXO

NO MAIOR ATRASO

Na Legião Estrangeira, a rapaziada estava acampada no deserto no maior atraso. Um soldado, que não se aguentava mais, chegou pro sargento e disse:

– Chefe, tô num atraso que não tem mais tamanho. Preciso fazer alguma coisa, senão eu morro de tesão. Como é que se faz pra arranjar mulher por estas bandas?

– Olha, mulher não tem não, mas os rapazes costumam se satisfazer com um jeito muito antigo: a barrica. Você sabe, tem um lugarzinho genial... Não chega a ser propriamente uma mulher gostosa, mas até que dá pra quebrar o galho!

E o soldado foi pra barrica e mandou ver. Só achou que ela era um pouca gorda e barriguda, mas gostou.

No dia seguinte, voltou a falar com o sargento:

– Posso ir lá na barrica de novo?

– Claro, vai sim, soldado!

E o recruta foi lá de novo transar. Gostou tanto que, no dia seguinte, voltou a falar com o sargento:

– Posso ir ver a minha barriquinha de novo?

Nisso, o sargento consultou um caderninho e respondeu:

– Pode sim... Só que hoje é o seu dia de ficar dentro da barrica.

A GRANDE CHUPADA

O cara levou uma mulher pro seu apartamento e pediu pra ela chupar o seu pau.

– Eu só chupo se você passar sorvete de creme nele.

O sujeito passou.

– Agora, chupa – ele insistiu.

-- Calma, agora você tem que jogar um pouco de groselha em cima.

O sujeito passou a groselha. E ela:

– Daria pra colocar uma calda de caramelo, botar uva passa e um morango na ponta?

O cara fez tudo que a piranha tinha pedido.

– Agora, eu chupo – disse ela.

Mas o sujeito recusou:

– Desse jeito, quem vai chupar sou eu!

PUNHETINHA

O adolescente finalmente conseguiu levar a namoradinha pra dar uns amassos no carro do pai. Lá pelas tantas, quando eles já estavam mão na coisa e coisa na mão, o rapaz propõe:

– Você não quer dar uma chupadinha?

– Tá maluco – responde a menina –, eu não vou botar isso na boca de jeito nenhum!

– Então só uma punhetinha! – insiste o rapaz.

– Mas eu nunca fiz isso. Nem sei como é que se faz!

– É fácil – explica o adolescente. – Lembra quando você era menor, que você pegava uma garrafa de Coca-Cola, balançava bem, só pra esguichar no seu irmão? Então, é só fazer igualzinho.

Ela topou: pegou o pinto do rapaz e começou a balançar, como se fosse uma garrafa de Coca-Cola. Ele começou a ficar vermelho, os olhos fechados, as veias do pescoço saltando. Depois de uns cinco minutos, ele não aguentou e começou a gritar, a menina se assustou:

– Que foi?

– Tira o dedo polegar da boca da garrafa!

PROPAGANDA

A garota não usava nada por baixo. Um dia, ela precisou sair. Virou e mexeu seu guarda-roupa e não encontrou nada. Achou então um saco de algodão que estava guardado, costurou e improvisou uma calcinha que ficou muito legal. Vestiu e pegou um ônibus.

Sentada no banco dos bobos, meio largadona, com as pernas abertas, ela percebeu que um sujeito estava de olho grande grudado nela. Ela fechava, abria de novo as pernas e o malandro ali, de olho pregado nas coxas dela.

Chegou uma hora que ela não aguentou mais e explodiu:

– Que foi, cara, nunca viu uma calcinha?

E ele:

– Vi, sim, dona, mas nunca com a frase "ração pra pinto".

ATÉ TU, PEDRO

Três mulheres morreram e chegaram na porta do céu. Disse São Pedro à primeira:

– O que é que você fazia na terra, minha filha?

– Eu era professora.

Disse São Pedro ao assistente:

– Dá pra ela a chave da sabedoria!

Perguntou pra segunda:

– O que é que você fazia na terra?

– Eu era advogada.

– Dá pra ela a chave do direito!

Olhou para a terceira e disse:

– E você?

– Eu fazia *striptease!*

E São Pedro:
— Dá pra ela a chave do meu quarto...

MÁQUINA AMERICANA

O brasileiro foi passear nos Estados Unidos e visitar uma feira de utilidades domésticas. Aí, ele viu uma máquina enorme, cheia de americanos felicíssimos na fila. Lá na frente, uma placa enorme dizia: "Seja camarada. De vez em quando, dê um descanso à sua mulherzinha". Ele achou a ideia legal. Esses americanos pensam em tudo. E ele via cada um dos componentes da fila se aproximar da máquina, encostar-se bem nela, puxar uma alavanquinha, a máquina dar uma rebolada e o cara sair todo feliz, abotoando a braguilha.

Não conversou. Entrou na fila, o vivaldino do brasileiro. Logo, logo chegou a vez dele. Ele se preparou, encostou-se na máquina, puxou a alavanquinha e a feira inteira escutou o maior berro já ouvido no mundo. E ele saiu com um botão de braguilha pregado na cabecinha do pau.

AMOR ANTIGO

Os dois tinham se divorciado havia uns dois anos, mas continuavam se encontrando como bons amigos. Um dia, ele quebra um braço e, ao falar com ela pelo telefone, conta o que lhe aconteceu. Ela fica com pena e se dispõe a dar uma mãozinha pra ele.

Hora do banho, ele se acomoda na banheira e ela esfrega suas costas com sabonete. Esfrega a cabeça, o pescoço, ensaboa novamente as costas, os braços e o sovaco.

Em seguida, o peito e depois vai descendo, descendo, até o umbigo. Esfrega a barriga dele e, com extremo zelo, continua limpando, descendo mais e mais. Até notar que o marido começa a sentir como nos velhos tempos.

Aí, ela para, aponta alegremente para a prova dos sentimentos do marido e diz, orgulhosa e comovida:

– Que gracinha, ele ainda me reconhece!...

MOLHADINHA

O telefone toca e a secretária, voz sussurrante e cálida, lânguida como sempre, atende. Do outro lado da linha, alguém diz:

– Alô, querida?
– Alô, benzinho.
– Você me amará sempre?
– Claro, benzinho, te adoro.
– Que tal irmos hoje num motel, aquele que nós gostamos tanto, com samambaias do Caribe, hidro-massagem, espelho no teto.
– Claro, benzinho, já estou toda molhadinha.
– Então tá, passo aí e te apanho às seis.
– Combinado, benzinho, mas, quem é que está falando?

NOITE INESQUECÍVEL

Um casal entra num motel muito empolgado. O marido vira e fala:

– Querida, hoje eu trouxe você aqui porque quero fazer algo diferente. O negócio é o seguinte: você vem correndo daquela ponta, eu vou correndo daqui, a gente engata no ar e depois cai na cama...

– Que loucura! Você planeja cada uma! Vai ser uma noite inesquecível! – animou-se a mulher.

– Então vamos nessa! É um! É dois! E é...

Eles saem correndo, um de cada lado, saltam, mas na hora dos dois se encontrarem no ar, passam direto um pelo outro e o cara sai voando pela janela, até cair na piscina...

Vinha passando um funcionário e ele pediu ajuda:

– Ei, meu amigo, me arranja uma toalha pra eu sair daqui!

– Pode sair, não tem problema... – o outro respondeu.

O marido ficou puto e reclamou:

– Porra, mas eu tô pelado! Me ajuda aqui!

– Pode sair assim mesmo, não tem ninguém aqui! Tá todo mundo lá no 103 vendo a mulher que ficou enganchada na maçaneta!

DICA PRECIOSA

Osvaldo era um rapaz de uma sutileza só comparável a uma elefanta no cio. Ele andava muito a fim de traçar a vizinha e ficou esperando uma oportunidade para cantá-la.

A ocasião apareceu num barzinho cheio de gente. Todo mundo amigo, conversando e bebericando. De repente, deu uma falta de assunto e o rapaz achou que aquele silêncio no ar era o momento oportuno.

Virou uma dose de cachaça, bicou a cerveja e mandou:

– O que você acha de eu meter a língua na sua orelha?

É claro que todo mundo ouviu e ficou esperando a resposta, que veio rápido:

– Ó, Osvaldo, que bom... Se você não falasse de língua e orelha eu ia esquecendo de te convidar: vai lá em casa no sábado que a gente vai fazer uma feijoada.

BAIXINHO, BEM BAIXINHO

O anão chegou na zona e levou logo uma puta pro quarto. Só que o pedaço de gente escolheu logo uma puta que era histérica. Eles começaram a trepação e a puta gritando:

– Ai, me fode, me arrebenta, mete toda essa piroca!

O anão foi ficando sem jeito, todo mundo devia estar ouvindo aquela gritaria. A puta só gritando:

– Me come! Me arromba toda!

E o anão ficando envergonhado. Até que uma hora o salva-vidas de aquário não aguenta mais e pede pra ela:

– Dá pra você falar baixinho?

E ela:

– Ai, baixinho, me arromba, baixinho, me fode, baixinho!!!

POR AMOR

Disse o amigo para o outro:

– Ô Tadeu, cuidado com essa menininha que cê tá comendo! Não vai na onda dela não, hein? Ela falou pra mim que não gosta de você, não! Ela só dá pra você porque você ajudou ela, você montou apartamento pra ela, comprou carro. Pensa que ela gosta de você? Ela não gosta, não...

– Escuta aqui, Donizeti... eu, quando como frango, é porque eu gosto de frango. Eu tô cagando se o frango gosta de mim!

TESTE

Disse o amigo pro outro:
– Fala aí quatro marcas de camisinha!
– Falo! Jontex... Ola... e... e... Não sei mais!
– Fala aí quatro marcas de uísque!
– Fácil. J&B, Chivas, Grant's e Cavalo Branco!
– Viu só?
– Viu só, o quê? O que cê tá querendo dizer?
– Tô querendo dizer que cê deve beber menos e trepar mais!!!!

ESTRANHO RITUAL

O Fernandinho vai ao cinema pela primeira vez. Ao chegar na porta, entrega o bilhete para o porteiro, que lhe pergunta:
– Quantos anos você tem?
– Onze.
– Então não pode entrar.
– Por quê?
– Porque o filme é proibido para menores de dezoito anos.

O Fernandinho cospe na mão e passa na cabeça. O porteiro atônito pergunta o que ele estava fazendo.
– Só conto se me deixar entrar.

O porteiro, curioso, olha para um lado, pro outro, não vê ninguém e deixa o garoto entrar e quer saber o porquê daquele estranho ritual.
– É simples – explica o garoto. – Um dia, eu ouvi minha mãe falando pro meu pai: "Cospe na mão e passa na cabeça que entra".

MENSAGEM EM CÓDIGO ....

O rapaz ia acampar com uma garota sensacional, o maior avião. Ela tinha uma plástica invejável, um corpo exuberante, medidas perfeitas e um rosto lindíssimo, uma coisa de cinema mesmo.

Eles eram colegas de faculdade e seus amigos desconfiavam que ela era uma daquelas virgens fanáticas e que ele não conseguiria nada além de uns ligeiros e inocentes amassos.

Antes da tal viagem, o rapaz prometeu mandar uma mensagem em código, dizendo se conseguira transar ou não com a coleguinha gostosa. A turma toda estava ansiosa pra saber se ele conseguiria. Até apostaram.

– Mas como vai ser esta mensagem em código? – quis saber um dos amigos.

– É simples – disse o rapaz –, vou mandar um telegrama. Se conseguir levá-la pra cama, escrevo em latim: "Consumatum este".

– Combinado! – responderam todos.

E o rapaz e a garota foram acampar. Três dias mais tarde, os amigos dele recebem o seguinte telegrama:

"Consumatum este e oeste".

PROCURA-SE ....

A secretária solteirona, um dia, toma coragem e coloca um anúncio no jornal: "Desejo conhecer um homem rico, que seja herói e bem-dotado".

Assim que sai o anúncio, tocam a campainha em sua casa. Ela vai atender e dá com um cara alto, bronzeado, lindo de morrer. Só que sem os dois braços.

– Vim pelo anúncio – ele disse.

– E o senhor preenche os três requisitos do anúncio? – quis saber a secretária. – É rico, por acaso?

– A senhora está vendo aquela limusine parada aí na porta? É uma das quinze da minha frota particular.

– E herói, o senhor é?

– Como a senhora pode notar, eu não tenho braços. Eu os perdi ao salvar crianças numa explosão em um orfanato.

– É bem-dotado? Como pode provar?

– E como a senhora acha que eu consegui tocar a campainha sem os dois braços?

COISA DE IRMÃS

No boteco, o cara reclama da mulher:

– Pô, descobri que a minha mulher é uma tremenda mentirosa. Tá me passando pra trás e me contou a maior mentira, a safada.

– E como você descobriu? – pergunta o amigo.

– Escuta só... Ela me falou que passou a noite com a irmã, quando perguntei onde tinha dormido.

– E não passou a noite com a irmã?

– Claro que não. Quem passou a noite com a irmã dela fui eu!

ECONOMIA GERAL

Aqueles ricos estavam em crise econômica, os negócios iam mal, e o marido recomenda pra mulher:

– Precisamos fazer economia, ter menos gastos supérfluos em casa, benzinho.

– Bem que eu queria... mas o que posso fazer? – choraminga a esposa.

E o marido sugere:

– Que tal aprender a cozinhar e dispensar a cozinheira?

E a mulher:

– Pois, queridinho, tenho uma ideia melhor ainda: que tal se você aprendesse a fazer amor... Poderíamos dispensar o motorista!

LEMBRANÇAS

A viúva foi à feira e, quando parou na barraca de legumes, pegou uma mandioca e comentou com a amiga:

– Ai, que saudades do Adolfo!

A outra entendeu o recado e perguntou:

– Nossa, ele tinha um grande desse jeito?

– Não, sujo!

FALTA DE SUTILEZA

Era uma farmácia muito fina, frequentada por gente muito ilustre. Um dia, chega um sujeito muito grosso, que pede, gritando:

– Manda uma camisinha pra foder!

O gerente da farmácia, com muita delicadeza, se aproxima do sujeito e ensina:

– Meu amigo, não fica bem o senhor falar assim... é mais educado o senhor pedir preservativos masculinos.

O cara olha meio enviesado pro gerente, mas topa e fala pra balconista:

– Uma caixa de preservativos masculinos, dona!

E a balconista:

– É pra embrulhar?

E o cara:

– Não, é pra foder mesmo!

POSIÇÃO NOVA

– Como está sua vida sexual com a patroa?
– Agora minha mulher só quer fazer a posição do cachorrinho.
– Cachorrinho! Essa é nova, deve ser uma loucura.
– Você não conhece essa posição? É só deitar na cama que ela vira de lado e finge que está morta.

PESQUISA DE COMPORTAMENTO

O sujeito estava em viagem de negócios, hospedado num hotel finíssimo. Era um executivo muito bem educado, incapaz de dizer uma grosseria para alguém. No restaurante, viu uma moça muito bonita e bem-vestida, sentada sozinha numa mesa lá no canto.

O cara, na maior educação, se aproxima dela e diz:
– Me desculpe o atrevimento, mas é que não conheço ninguém por aqui... Será que você gostaria de jantar comigo?

E a moça, de repente, grita:
– Ir pro seu quarto? Tá maluco? O senhor nem me conhece!

Todo mundo do restaurante se virou pro sujeito e olhou com a maior cara de censura. Ele saiu com o rabo entre as pernas. No outro dia, a mesma moça está lá no canto, se levanta e vai falar com ele:
– O senhor me desculpe pelo que falei... É que estou defendendo uma tese em psicologia e fiz aquilo só para testar a reação de certos grupos humanos.
– Ah, compreendo... – comenta o cara, na maior calma. E depois, grita: – Dois mil dólares? Tá maluca?

GENTIL DEMAIS

O rapaz era um perfeito cavalheiro. Vivia se gabando de saber respeitar as mulheres como ninguém. Numa viagem do Rio a São Paulo, sozinho no carro, de repente viu uma morena sensacional pedindo carona na beira da estrada.

Sempre muito gentil com as damas, ele encosta o carro e a morena embarca. Alguns quilômetros adiante, já de noite, ele se sentiu cansado e parou num motel para descansar até a manhã seguinte.

– E onde eu vou dormir? – perguntou a moça.

– A senhorita dorme em outro quarto – respondeu o gentil herói.

Porém, por volta das duas da manhã, o rapaz foi acordado por batidas na porta. Era a morena.

– Escute, eu estou com medo de dormir sozinha naquele quarto. Será que não daria pra eu dormir aqui?

–Tudo bem, senhorita – concordou ele. – Pode dormir na minha cama que eu me arranjo no tapete.

Mal tinha conseguido pegar no sono novamente, o rapaz foi acordado pela morena, que se enroscava nele como uma gata, macia e ronronante.

– Quando uma mulher entra no quarto de um homem – sussurrou ela –, deita na cama dele e o abraça... adivinha o que ela quer?

– Pô, senhorita, por favor – disse o rapaz, pela primeira vez indelicado com uma dama. – São mais de duas horas da manhã, eu estou morto de cansaço e a senhora ainda me vem propor charadas e adivinhações?

OS RUÍDOS DO AMOR

Aquela inexperiente professorinha mineira estava de férias no Rio de Janeiro pela primeira vez. Logo arranjou um namorado, que a levou para conhecer o Pão de Açúcar e o Cristo Redentor e à noite a levou para admirar o luar no morro de Santa Teresa.

Pararam num local bem ermo e ela confessou que estava encantada com a paisagem.

– É maravilhoso! Você está ouvindo os grilos?

– Não são grilos, não – explicou o rapaz. – São zíperes!

MAIOR DUREZA

A loiraça muito atraente andava por uma rua mal-iluminada quando, de repente, um brutamontes, saindo do beco escuro, saltou sobre ela.

– Me passa o dinheiro, vamos! – ordenou.

– Não tenho dinheiro – ela respondeu, assustada e trêmula.

– Passe logo o dinheiro ou vou te revistar – ele disse, num tom de voz ameaçador.

A loira tornou a dizer que não tinha nada e recuou ao vê-lo avançar sobre ela.

– Acho melhor me dar seu dinheiro – vociferou ele –, ou então vou ter que revistar você todinha.

– Mas já disse. Estou lisa – afirmou, quase em prantos.

E então ele começou a revista, pegou aqui, apalpou ali, bolinou em todos os lugares, meteu a mão por debaixo da saia, nos bolsos, dentro do sutiã e nada.

– É – ele disse –, você estava dizendo a verdade. Está tão dura quanto eu.

E a loira, já toda molhadinha:
– Mas, por favor – solicitou ela –, não pare agora. Continue que eu te faço um cheque!

MIOPIA

O casal estava no maior amasso deitado na grama daquele parque. A empolgação era tanta que começaram a tirar a roupa aos safanões e se chupavam afoitamente. O rapaz, tesudo, mas também delicado, tira os óculos para não machucar a gatinha e os deixa de lado.

E dá-lhe chupada, vai descendo, descendo até que a menina lhe pede:
– Benzinho, põe os óculos, põe!
– Mas, por que, meu bem? – pergunta, curioso, o rapaz.
– É que você está chupando a grama!

A SOMA

Numa festa muito animada, um amigo comenta jocosamente com o outro:
– Pô, cara, vou te dizer uma coisa... tirando a minha mãe e a minha irmã, eu já comi a mulherada toda desse baile.

E o outro não deixa por menos:
– Bem, se somarmos nós dois, então já comemos todas!

O SORTEIO

O rapaz entra num bar e percebe que todas as cadeiras tinham um número nas costas. Ele olha mais atentamente e nota um sujeito meio triste, sentado na cadeira 22. A seu lado, sentada na 23, uma loira gostosíssima.

Ele, curioso, senta-se na mesa dos dois e pergunta:
– Para que servem esses números todos aí?
– É que, nesse bar, a cada meia hora, eles sorteiam um número. Quem estiver sentado na cadeira sorteada, participa de uma tremenda suruba lá no andar de cima.
– Incrível, cara! E você já foi sorteado alguma vez?
– Eu não... Mas a minha namorada aqui já foi quatro vezes seguidas!

A VAQUINHA RISOLETA

Um fazendeiro muito rico tem a sua fazenda assolada por uma praga e constata, com pesar, que seus animais estão todos morrendo. Desesperado, resolve apelar para o curandeiro da região. Quando este chega, logo bota o olho na mulher do fazendeiro, bonita e boazuda. Sem pestanejar, pede a ela que o ajude em sua simpatia e começa:

– Um beijinho no pé pra salvar a vaquinha buscapé. Um beijinho na canela pra salvar a cabrita Gabriela. Um beijinho nos joelhos pra salvar os seus coelhos. Um beijinho na coxa pra salvar a eguinha mocha.

E o fazendeiro, já tiririca:
– Epa! Pó pará. Pó pará, que o boi zebu e a vaquinha Risoleta já morreram há muito tempo.

HOBBY

O cliente diz ao advogado:
– Doutor, eu quero pedir o divórcio.
– Mas por quê?

— Minha mulher é doida. Tá sempre fazendo tricô.

— Mas, meu amigo, isso não é motivo para o senhor pedir o divórcio... Milhões de mulheres casadas fazem tricô!

E o sujeito:

— Enquanto trepam?

TEMPO PERDIDO

A moça viu a vó fazendo umas contas meio esquisitas e quis saber:

— O que a senhora tanto calcula, vovó?

E a velhinha:

— É que eu descobri uma coisa, minha querida... Se uma mulher é penetrada na posição deitada, com uma almofada embaixo da bunda, o pênis consegue ir, pelo menos, dois centímetros mais fundo:

— E daí? – perguntou a moça, realmente interessada no assunto.

— Daí que eu estou aqui calculando quantos centímetros de prazer eu perdi ao longo dos meus cinquenta anos de casada.

ANOS DE ATRASO

Valdir, em férias na Côte d'Azur, entrou por engano na suíte de uma senhora idosa. Todo atrapalhado e constrangido, gaguejou:

— Perdão, madame, devo estar no quarto errado.

— Absolutamente, meu rapaz, você está apenas quarenta anos atrasado. Só isso!!

FESTINHA NO ESCRITÓRIO

Naquele escritório, depois do expediente, a festinha rolava a mil por hora. Um cara estava com uma garota na sala dos arquivos, na maior escuridão, quando ela diz:

– Nossa, Jairzinho, o seu pau tá parecendo mais grosso e mais gostoso hoje

E o sujeito:

– É que eu não sou o Jairzinho.

O TEMPO PASSA

O velhinho de oitenta anos está com a prostituta no quartinho do hotel. De repente, ele pede para ela:

– Querida, tá vendo aquele copo ali, com a minha dentadura?

E ela:

-- Tô.

– Então, me faz um favor: pegue-a que eu quero dar uma mordidinha nos seus peitos!

CONTA, POR FAVOR

O hóspede daquele hotel estava fechando sua conta na gerência. Após conferir os itens na conta apresentada pelo gerente, o sujeito reclama:

– Epa, espera aí... aqui estão cobrados quarenta paus pelas frutas. Mas eu não comi fruta nenhuma e nem a minha mulher.

– Sinto muito, senhor... Não comeu porque não quis!

– Entendo, entendo... – disse o cara.

Então, o hóspede subtraiu 150 paus da conta. O gerente estranhou:

– Por que o senhor está fazendo isso?

– Estou tirando 25 paus por dia que o senhor comeu a minha mulher.

– O quê? Isso é um absurdo. Eu não comi a sua mulher.

– Não comeu porque não quis.

ECONOMIA

Dois amigos discutindo:

– O quê, você só pode estar brincando: mulher entender de economia é piada.

– Não. Ela é que recebe o bruto, faz o balanço e ainda fica com o líquido.

DE TODAS AS MANEIRAS

A mulher ia passando por uma travessinha escura, quando surgiu na sua frente um tarado. Agarrou a coitada, derrubou no chão, rasgou as roupas e mandou ver. Ao encerrar o serviço, o sujeito, que era tarado mas não era malvado e queria só dar uma bimbadinha, se preparava para fugir. E a mulher, aos gritos:

– Não vai fugir não, seu cretino. Vou chamar a polícia e vou dizer ao delegado que você me usou sexualmente cinco vezes!

– Cinco vezes? – pergunta o tarado, assustado.

– Isso mesmo. Cinco vezes. De todas as maneiras.

– Pelo amor de Deus, minha senhora. Não faça isso. Foi só uma vez.

E a mulher, muito ofendida:

– Por enquanto, mas eu sei que o senhor não está com pressa, ou está?

A PÍLULA INFALÍVEL............................

O sujeito, depois de muita batalha, tinha conseguido marcar um encontro com a mulher dos seus sonhos. Ia finalmente comer a mulher mais maravilhosa, mais bonita, mais gostosa de toda a cidade. Mas, aí, bateu o medão: "E se eu falhar? E se, na hora, a coisa não levantar..." etc. Foi pro médico:

– Doutor, é o seguinte...

E contou a história toda.

– Eu não posso falhar, eu definitivamente não posso. Doutor, me ajude.

E o médico:

– Toma, leva estas pílulas. São tiro e queda. Você não vai perder uma. Mas tem o seguinte: são superpoderosas. Tome só uma.

E o cara foi. Lá pelas dez da noite, o telefone do médico toca.

– Doutor, sou eu.

Era o sujeito, estava uma pilha, ligadíssimo, excitadíssimo, rindo pelos cotovelos.

– Que houve? Algum problema?

– Não, doutor, pelo contrário, essas pílulas que o senhor me deu são fogo, tomei logo umas cinco...

– Meu Deus! E então?

Tudo bem:

– Imagine que são dez horas da noite e eu já gozei umas quinze vezes.

– Não brinca? E a moça? Está gostando?

E o cara:

– Não, doutor, ela ainda não chegou.

SÓ UMA RAPIDINHA

O rapaz leva a namorada, depois de uma festa, até a porta do prédio onde ela mora, apoia a mão na parede sobre os ombros da garota e pede:

– Amor, que tal uma rapidinha, agora, aqui em pé?
– O quê? Tá doido!
– Não esquenta! É rapidinho, não tem problema!
– Não! Alguém pode ver, um parente, um vizinho...
– A essa hora? Ninguém vai aparecer!
– Já disse não, e não!
– Gata... só uma rapidinha... eu sei que você quer!
– Não! Já disse que não!
– Ô, lindinha! Só uminha, vai! Vai ser gostoso...

Depois de alguns minutos, a irmãzinha da namorada abre a porta. Aparece de pijamas, com o cabelo todo despenteado, esfregando os olhos, e diz:

– O pai falou que ou você dá essa rapidinha com ele, ou eu dou, ou a mamãe dá, ou ele vem e dá. Mas que é pra esse filho da puta tirar a mão do interfone e deixar a gente dormir!

CALIGRAFIA

– Você viu a safadeza que escreveram no muro da nossa casa, meu velho? – pergunta a velha, indignada.
– Vi. Não chega a ser safadeza. Está escrito: "Eu te amo, Margarida". O que isso tem de mais?
– A Margarida é nossa filha – berra a velha.
– Eu sei.
– E foi escrito pelo namorado dela.
– Eu sei.
– Com mijo.

– Eu sei, também escrevia com mijo no portão da casa de seus pais, já esqueceu?

E a mãe, perdendo a paciência:

– Só que a caligrafia é da Margarida, seu velho tonto!

CHAVE DO CÉU

– Sabe o que frei Rogério fez, irmã? – diz uma freira.

– O que foi, irmã?

– Levantou a batina e me mostrou o membro. É enorme. E disse que eu devia deixar ele enfiar na minha fechadura, pois aquilo era a chave do céu.

– E você deixou?

– Deixei.

– Sem-vergonha. A mim, ele mandou colocar na boca e assoprar, dizendo que era uma trombeta de chamar anjos.

A CONFISSÃO

Alex no confessionário:

– Perdoe-me, padre, porque eu pequei.

– O que você fez, meu filho?

– Sabe, padre, minha namorada, outro dia, abriu a geladeira e a luz deixou entrever, por baixo do vestido, as suas formas. Não resisti e fizemos amor ali mesmo.

– Tudo bem, meu jovem. Os tempos de hoje são outros. Reze duas ave-marias e estará perdoado.

– Quer dizer que o senhor não ficou chocado?

– Não, por que deveria?

– Porque todas as pessoas que estavam na loja ficaram.

PRA ACABAR COM A MÁ FAMA ....

E o prefeito de Pelotas resolve acabar com a fama de que lá só tem veado. Faz um concurso para ver quem tem a maior piroca da cidade. Pra variar, ganha um negão. A prefeitura financia, então, uma viagem para ele com todas as mordomias possíveis. Sua única missão: mijar em banheiros públicos nas mais diversas cidades, exibindo a enorme jeba de um pelotense para todo o Brasil.

O negão está em São Paulo, hospedado no Hotel Ca'd'oro, almoçando no Fasano e dando suas mijadas pelos banheiros públicos. Cada vez que ele tira aquela coisa preta e gigantesca para fora, junta gente para admirar. Ele então anuncia, com ares de superioridade:

– Gostaram? É de Pelotas, tchê!

Até que no banheiro de uma pizzaria, antes que ele falasse alguma coisa, um baixinho lhe pergunta:

– Ô, negão! Você é de Pelotas, né?

– Sou! E como é que tu sabes, tchê?

– É que só lá tem cu pra aguentar uma rola dessas!

CAFEZINHO BOM ....

No consultório médico, uma jovem senhora reclamava que o marido não lhe dava a devida atenção. O clínico apanhou a amostra de um remédio e recomendou:

– Dê isto ao seu marido no café e depois me comunique o resultado.

No dia seguinte, a jovem senhora voltou ao consultório e o médico perguntou:

– E então, o remédio fez efeito?

– Como fez, doutor. Foi um escândalo. Nunca mais vamos poder voltar àquele café outra vez.

NA MARRA

O rapaz, gamadão na menina, pergunta, como quem não quer nada, se ela era virgem. Ela nega. O cara fica sem jeito e tenta consertar:

– Mas foi à força, não foi?
– Foi sim – disse a moça.
– Ahn...
– O cara não queria de jeito nenhum.

SONO PESADO

Regina confidenciava-se com a amiga naquela festa chiquérrima:

– Imagine você, Tereza, que hoje eu sonhei com todos os meus namorados!
– Nossa! – exclamou a amiga. – Quantos soníferos você tomou antes de dormir?

A TENTAÇÃO

A madre superiora está em pleno sermão para os adolescentes sobre as virtudes morais:

– Quando a tentação chegar, lembrem-se de que uma hora de prazer não vale uma vida de remorso.

Uma loirinha da quinta fila pergunta:

– Madre, e se o prazer durar mais do que uma hora?

CLOROFILA

A jovem senhora entrou na farmácia:
– Tem desodorante íntimo?
– Qual?
– Clorofila.
– Está em falta. Só amanhã.

– Amanhã não dá pra eu passar aqui. O senhor poderia entregar ao meu marido?

– E como é que eu vou saber quem é o seu marido?

– É simples. É um rapaz moreno, com bigode verde.

TUDO MESMO

Sentada, cabisbaixa diante do médico, a moça chora baixinho. Depois de examiná-la, o médico recomenda:

– Quero que faça tudo o que eu mandar.

– Foi exatamente o que aquele cafajeste me disse. É por isso que estou aqui, doutor.

PAPEL DIFÍCIL

Depois de um namoro curto, o pretendente vai pedir a mão da moça. A garota fica esperando na sala. O pai conversa com o namorado no escritório dos fundos.

Por fim, o velho pergunta quanto o sujeito ganhava por mês. Ao ouvir a resposta, o pai comenta irritado:

– O quê?! Com essa merreca de salário você não vai ter dinheiro sequer para comprar o papel higiênico que a minha filha usa. Não aceito esse casamento de jeito nenhum.

Indignado, o sujeito sai puto da vida, e, ao passar pela ex-noiva na sala, enche a boca e diz a ela com raiva:

– Cagona.

PIOR

– Aquela foi a pior festa a que já fui na minha vida – queixa-se Marta.

– Então, por que você ficou tanto tempo lá? – pergunta a amiga.

– Eu simplesmente não conseguia encontrar minhas roupas.

O TAMANHO DA COISA

No quintal do convento, duas noviças conversam enquanto a freira velha cochila ao lado delas. Uma freirinha conta para a outra, animadamente, o resultado de seu trabalho na colheita de legumes e hortaliças:

– ... e ontem eu colhi cada legume enorme! Precisava ver o tamanho da cenoura! ...

E mostra para a outra o tamanho, com aquele gesto típico, espalmando as duas mãos. Nisso, a freira velha acorda, vê a noviça demonstrando a proporção avantajada da cenoura, e pergunta:

– Hã... padre quem?...

ÚLTIMO DESEJO

O arcebispo estava lá, no morre não morre, com uma doença incurável.

– Incurável em termos – disse um médico da junta que o estava assistindo.

– Como assim? – perguntaram os outros.

– É que o caso tem cura, mas é meio delicado. Ele está é precisando de uma boa mulher. Sem isso, ele bate com as dez.

– Mas como é que vamos dizer isso a ele?

E disseram. O arcebispo ficou escandalizado:

– Mulher? Mas, como? Fiz voto de castidade. Não posso.

E o médico:

– Ou isso ou a morte.

– Mas vai ser um escândalo se souberem.
Ele pensou um pouco e disse:
– Aceito sob uma condição.
– Pois não, reverendíssimo!
– Vocês me tragam uma mulher que seja surda, muda, cega e peituda!
Os médicos estranharam:
– Reverendíssimo, que a mulher seja surda, muda e cega, nós entendemos. Agora, por que peituda?
– É que eu adoro um peitão.

LEGIÃO DE VIRGENS..

Israel no confessionário:
– Padre, ontem fiz amor com uma linda virgem!
O padre bastante preocupado, perguntou:
– Por acaso foi com a Sonia Maria?
– Não, padre.
– Então foi com a filha do Vicente?
– Não me pergunte isso, padre.
– Bem, então foi com a Juliana da venda?
– Também não.
– Vou lhe perdoar, meu filho. Reze trezentas ave-marias e volte na semana que vem.
Ao sair da igreja, Israel encontra um amigo e lhe diz:
– Nada mal. Ganhei mais três dicas.

OITO OU OITENTA..

Entre goles de uísque, dois homens ricos conversavam.
– Estou com 65 anos e me apaixonei por uma *top*

model de 18. Você acha que, se eu disser a ela que tenho só 45 anos, ela se casa comigo?

O outro pensa um pouco e diz:

– Bem, meu caro, pelas circunstâncias, é mais fácil ela casar com você se disser que tem 85!

LUGAR IDEAL

Num cinema de bairro, uma senhora está incomodada com as cenas de namoro que dois adolescentes estão aprontando na sua frente. Achando tudo aquilo uma pouca-vergonha, ela não aguenta e ralha:

– Rapazinho, se você veio aqui para assistir ao filme, tudo bem, assista e fique quieto. Se veio para namorar e fazer outras coisas, leve a moça para um motel, pois lá é o lugar ideal para isso!

O rapaz responde:

– Por mim, tudo bem. Agora a senhora só precisa me ajudar a convencer a moça.

FUGA

Dez anos depois, a moça do censo voltou àquela cidadezinha escondida no sertão e constatou que a população não havia aumentado nem diminuído.

– Minha senhora – perguntou a moça à mulher mais velha do lugar –, como isso pode acontecer?

– É simples. Toda vez que nasce um bebê, um rapaz foge da cidade.

SÓ POR PRAZER

Uma vendedora de artigos para bebê está muito cansada. São quatro horas da tarde e ela ainda não teve tempo para ir almoçar. Já atendeu a dezoito grávidas.

Aproveitando uma folga, ela pega um sanduíche. Antes da primeira mordida, a porta se abre e entram mais duas grávidas. Tristemente a vendedora suspira:

– Será que nesta cidade não há mais ninguém que faça sexo só por prazer?

O MURO BRANCO

O cara constrói uma puta mansão, gasta uma nota preta, faz jardim, piscina, garagem e tudo que tinha direito. Para finalizar, ergue um muro branco em volta.

No dia seguinte, acorda bem cedo e vai apreciar a obra. No meio do muro, em letras enormes, está lá escrito: BUCETA.

O cara fica puto, pega balde, água, sabão e lava o muro até apagar o palavrão. E vai dormir cansado.

No outro dia, tá lá, de novo: BUCETA.

O cara xinga muito, pega balde, água, sabão e fica o dia inteirinho esfregando para limpar o palavrão.

Dia seguinte, mesma coisa: BUCETA, em letras ainda maiores. Furibundo, o cara arrebenta o muro, quebra tijolo por tijolo e vai dormir.

Passam dez anos. Achando que já era hora de erguer de novo o muro, pois o safado, com certeza, já teria se esquecido, compra um monte de tijolos, empilha tudo no canto da casa e vai dormir.

No dia seguinte, acorda e vê uma placa na pilha de tijolos. Ao chegar mais perto lê: "Breve, aqui, BUCETA".

TRIGÊMEOS

A mulher teve trigêmeos. E a amiga foi visitar:

– Renatinha, que coisa linda, trigêmeos, parece um milagre!

– E foi milagre mesmo. Imagine que o doutor me disse que trigêmeos só acontecem uma vez em dois milhões, seiscentos e setenta e cinco vezes.

– Não me diga – diz a amiga. – E como é que você ainda arranjava tempo para arrumar a casa, ver as amigas...?

SEM SOSSEGO

A noivinha recém-casada foi morar numa outra cidade e manda a primeira carta para a mãe:

"Querida mamãe, estou adorando a vida de casada, O Felipe é um marido maravilhoso, atencioso, carinhoso e tudo o mais. Só acho que ele é um pouco exagerado, só pensa naquilo, a toda hora, todo minuto, não me dá sossego. Eu posso estar na cozinha que ele vem por trás e pimba, eu estou vendo televisão e ele pá, vem e pimba. É o tempo todo isso, ele é completamente tarado. Mas estou bem, estou feliz. Beijos. Magali".

E logo embaixo vinha um PS: "Mãe, desculpe a letra tremida".

O ESPIRRO

A moça não parava de espirrar. Espirrava no banheiro, na sala, no açougue, na igreja, no escritório. Um dia, trabalhando, soltou aquele espirrão gostoso, alto, uma verdadeira sinfonia. Aí, ela se vira para a amiga e diz:

— Andréa, você sabe o que está me acontecendo? Toda vez que espirro, menina, eu tenho um orgasmo total...Total.
— Toda vez?
— Toda.
— E você está tomando alguma coisa pra isso?
— Tou. Rapé.

A VIRGEM DE PÉ

As mulheres daquela cidadezinha não se davam ao respeito. Eram todas umas sem-vergonhas, e o padre resolveu fazer um sermão duro na missa:
— Será que ainda existe alguma mulher virgem neste lugar de Deus? Será que Satanás tomou mesmo esta cidade de assalto? Eu gostaria de ter pelo menos alguma esperança, um sinal de que nem tudo está perdido.

E nada, as mulheres todas silenciosas, de cabeça baixa.
— Um sinal, um aviso. Será que não tem nenhuma, nem uminha?

Nada.
— Eu lanço um desafio — insistiu o padre. — Se houver pelo menos uma virgem nesta sala, que se levante.

E olhou até o fundo da sala, inquisidor. Nada. Quando ele ia prosseguir, percebe que lá no meio da igreja uma das mulheres se levanta. E segura uma criancinha nos braços.

E ele:
— Que absurdo, minha senhora, eu estou falando de virgens. Se a senhora está com uma criança nos braços, não pode ser virgem!

E a mulher:

– Ora, seu padre, o senhor não vai querer que uma menininha de três meses fique de pé sozinha.

PAGO UM MILHÃO

O cara entrou no puteiro, chegou na clássica salinha onde estão as mulheres quase nuas, de meias pretas, espartilhos e peitos de fora e gritou:

– Atenção, eu pago um milhão de reais para mulher que quiser vir comigo agora.

Voou mulher pro lado dele.

– Mas tem o seguinte: já vou avisando que eu sou chegado numa perversãozinha.

Todas foram se afastando, e só ficou uma com cara de tarada na frente dele.

– Tu vai pagar mesmo um milhão?

– Vou.

– E qual é a mania?

– Eu gosto de bater.

– E o senhor bate muito?

– Bom... Até você me devolver o milhão.

NOSSA SENHORA DESILUDIDA

Os astronautas foram subindo, subindo, subindo, saíram da órbita da Terra e passaram da órbita da Lua. De repente, ouviram um estouro terrível, uma fumaçona diante deles, que ficaram totalmente estupefatos e perplexos e viram, numa nuvem muito brilhante, Nossa Senhora, em pessoa.

Os astronautas caíram de joelhos e disseram, em coro:

– Valei-nos, Virgem Santíssima.

– Que é que eu posso fazer por vocês? – quis saber Nossa Senhora.

– Não queremos nada de pessoal – disseram os astronautas, recuperando a calma –, mas a senhora poderia ajudar a melhorar as condições de vida de nosso planeta.

– E qual é o vosso planeta?

– A Terra – responderam os dois.

– A Terra? – indignou-se Nossa Senhora. – E vocês querem que eu melhore as condições de vida daquela gente terrivelmente fofoqueira? Eu estive lá há mais ou menos dois mil anos e só porque dei uma trepadinha com um carpinteiro, até hoje eles não falam noutra coisa...

SAUDADE

Vestindo sempre um luto fechado, toda séria e compenetrada, a jovem viúva ia todo dia ao cemitério, fizesse chuva ou sol, frio ou calor. O coveiro, intrigado, resolveu seguir a mulher e percebeu que todo dia ela fazia a mesma coisa: se aproximava de um túmulo, não rezava, não acendia vela e nem trocava as flores. Se agachava, abaixava as calcinhas e fazia o maior xixizão.

Bastante curioso, um dia ele resolveu perguntar à viúva o motivo daquilo:

– A senhora me desculpe, dona, mas por que é que a senhora vem aqui todo dia e faz xixi em cima do túmulo?

E a mulher:

– É que cada um chora por onde tem saudade.

O BEIJO

A garotinha, de seus doze ou treze anos, já bem mocinha, chegou um dia em casa e contou pra mãe:

– Mamãe, arranjei um namorado. Você precisa ver que gracinha, é um gatinho, moreno, de olhos verdes, alto, forte... Mas é meio sem-vergonha.

E a mãe, já preocupada, pergunta:

– Como assim, sem-vergonha? O que ele aprontou?

– Imagine que logo no segundo dia de namoro ele me pediu um beijo.

E a mãe:

– No duro?

E a menina:

– Não, mãe. Na boca!

EQUIPAMENTO COMPLETO

Plena Lei Seca nos Estados Unidos, o promotor examina o réu de cima a baixo e manda:

– O senhor está querendo convencer o júri que tem uma destilaria montada na sua casa e não fabrica bebidas ilegalmente?

– Eu comprei o equipamento num antiquário – defende-se o homem.

– Na minha opinião – insiste o promotor –, só o fato de possuir o equipamento prova sua culpa.

– Neste caso, o tribunal também poderia acusar-me de estupro – diz o réu.

– Também cometeu este crime? – perguntou o promotor.

– Não. Mas tenho o equipamento completo!

NA AULA

O professor de Antropologia era um tremendo de um safado, adorava falar de costumes exóticos e do comportamento sexual de certas tribos, tudo para deixar as alunas encabuladas.

Um dia, revoltadas com aquilo, elas se reuniram e decidiram que, se ele continuasse com aquela conversa, iriam se retirar em grupo da sala de aula.

Logo na aula seguinte, ele começa:

– Existe uma tribo no norte do Acre na qual os homens têm um membro descomunal, dizem que são capazes de manter o pênis ereto por horas e, quando iniciam um ato sexual, demoram o dia inteiro...

Nisso, como combinado, as garotas se levantam uma a uma e se dirigem para a porta. E o professor:

– Podem ir voltando, mocinhas, que hoje não tem avião pro Acre, não.

DOIS DEDINHOS DELICADOS

Num bar, uma mulher muito charmosa e atraente gesticula com delicadeza para o garçom, que se aproxima rapidinho. Quando chega na mesa, a mulher, toda sedutora, faz sinal para que ele aproxime seu rosto do dela. Ela começa a acariciar seus cabelos passando os dedos com lentidão e delicadeza nos seus cabelos. Depois passa a mão no seu rosto e pergunta:

– Você é o proprietário?

– Não – responde ele.

– Você poderia chamá-lo para mim? Preciso falar com ele – diz ela, enquanto passa os dedos entre os cabelos do garçom.

– Infelizmente não poderei ajudá-la. Ele não está na casa hoje – diz o garçom, meio desentendido e cheio de tesão. – Posso fazer algo por você?

– Lógico que pode. Preciso que você dê um recado para ele – diz ela, enquanto enfia os dois dedos na boca do garçom, que passa a chupá-los sexualmente.

– Por favor, diga a ele que acabou o papel higiênico do banheiro feminino.

DÓLAR FURADO

Piranha das imediações do aeroporto só recebe em dólar. Um dia, um gringo deu mil dólares por uma trepada. Toda feliz, a putana procura uma casa de câmbio pra trocar e o cambista examina a nota e manda, sem dó:

– Entrou numa fria. As notas são falsas!

E a piranha:

– Socorro! Fui estuprada!

O PIQUENIQUE

Todo ano, acontecia o maior festival de memória naquela cidade do interior. Era pra ver quem lembrava de coisas mais antigas. O primeiro concorrente disse que lembrava do tempo em que era amamentado pela mãe.

– ... Aquele peitão grande, eu me lambuzava todo com o leite quente que pingava do bico...

– Isso não é nada – interrompe o segundo concorrente. – Eu me lembro do tempo em que ainda estava na barriga da minha mãe, flutuando no líquido, brincando de subir no cordão etc.

Pintou aquele silêncio constrangedor. De repente, veio o Juca e falou:

– Tudo isso é bobagem. Memória mesmo é a minha. Sou um verdadeiro prodígio. Me lembro de um piquenique que eu fui com meu pai e voltei com a minha mãe.

CARIOCA VIRGEM

O paulista voltou das férias no Rio de Janeiro encantado e foi logo contando as proezas pros amigos.

– Orra meu, conheci uma carioca virgem que era um estouro!

– Ô loco, seu, não é possível.

– Tô dizendo! – falou o paulista. – Completamente virgem!

Corta pro Rio de Janeiro. Um grupo de moças na praia conversando:

– Gente, conheci outro dia um paulista muito tarado. O mais tarado do mundo. Tão tarado que nem deu tempo de eu tirar meu *collant*.

INTELIGÊNCIA

O casal visita pela primeira vez um campo de nudismo e leva a filha junto. Intrigada com a variedade dos tamanhos dos órgãos sexuais masculinos, ela pergunta pro pai:

– Por que isso acontece?

– É fácil – explica o pai. – É tudo uma questão de inteligência. Um cara com o pau grande é um cara inteligente. Já o sujeito com o pinto pequeno é uma besta quadrada.

Meia hora depois desta explicação, o pai deu pela falta da esposa.

– Você viu a sua mãe? – pergunta o pai à filha.

E ela:

– Vi, sim, papai. A mãe estava agorinha mesmo no mato conversando com um autêntico débil mental e o mais engraçado é que ele ia ficando mais inteligente a cada coisa que ela cochichava no ouvido dele...

O PREÇO

Duas amigas conversando:

– Que vestido maravilhoso! Custou muito?

– Você nem imagina, queridinha, o cara tinha mau hálito, tossia a noite inteira, cheirava feito porco e pesava mais de noventa quilos.

PRENDE O TARADO!

A mocinha, toda esbaforida, procura o guarda:

– Socorro, seu guarda! Tem dois caras me seguindo por toda parte, desde hoje de manhã.

– Quem?

– Aqueles dois ali... O loiro de camisa azul, esbelto, musculoso, e aquele outro, baixinho, careca e barrigudo, de calça xadrez.

– O que a senhorita quer que a gente faça?

– Por favor, prenda o baixinho!

PEGADINHA

– Paiê, sabe qual é o cúmulo da preguiça?

– Sei lá – respondeu o pai, curioso.

– Casar com mulher grávida!

BOQUINHA DE ANJO

O velhinho estava sentado num ônibus tranquilamente quando entra um casalzinho todo enamorado que procura um lugar bem atrás. E os dois, todos apertadinhos, românticos. O namorado apertava o narizinho da moça e dizia:

– Tá doendo?

E a garota respondia:

– Ai, ai, benzinho, tá doendo sim!

O namoradinho dava um beijinho no nariz da moça e perguntava:

– E agora?

– Agora sarou.

Passava um tempinho, o namorado apertava a bochecha da garota:

– Ai, ai, coração, tá doendo.

Ele lascava o beijinho salvador.

– Ah, benzinho, agora sarou.

Ficaram naquela encheção de saco um tempão, aperta, beija, sara, aperta, beija, sara, até que o velhinho se queimou, virou pro namorado e mandou:

– Escuta aqui, Boquinha de Anjo... Curas hemorroidas?

SEXO PODE?

O caminhoneiro tava lá, naquele fim de mundo, era chegado numa boa prosa e não aguentava mais tanto tempo de silêncio na estrada. Entrou na vendinha, pediu uma pinga e começou:

– Sabe da última? A canonização do Padre Cícero.

E o vendeiro:

– Olha, não me leva a mal, mas não gosto que falem de religião aqui, dá muita confusão.

O caminhoneiro não quis entrar em atrito e mudou de assunto:

–Tudo bem, eu respeito as ordens da casa. Mas tem o seguinte: eu acho que esse novo técnico da seleção...

E o vendeiro, de novo:

– Sabe o que é... Eu também não gosto que falem de futebol aqui no boteco, dá muita confusão.

O caminhoneiro coça a cabeça e continua:

– Bom, e o presidente, hein? Essa corrupção que...

O vendeiro interrompeu de novo:

– Não me leve a mal, mas também não gosto que falem de política por aqui, sabe, dá muita confusão.

E o caminhoneiro, irritado, puto da vida:

– E sexo? Pode falar de sexo?

O vendeiro balança a cabeça, dá um sorriso e diz:

– Ah, de sexo o senhor pode falar quando quiser.

– Então, vá tomar no cu – grita o caminhoneiro.

O DESEJO

Sentada na cama, está lá a fada madrinha toda gostosona, completamente nua, aqueles peitões balançando. Quando começa a vestir as meias, pergunta pro sujeito, que está deitado fumando um cigarro:

– E agora, qual é o seu segundo desejo?

GRAVIDEZ

Uma garota entrou no ônibus superlotado. Esperou um pouco e, como ninguém resolvia lhe dar o lugar, chegou para um senhor que estava sentado e lhe disse:

– Será que o senhor não é bastante gentil para ceder seu lugar a uma grávida?
– Grávida? – assustou-se o sujeito. – Desculpe, mas não parece nem um pouquinho. A senhora está grávida há quanto tempo?
– Há meia hora, mais ou menos.

CONSELHO INÚTIL...

Muito tímida e inexperiente, a moça namorou o noivo certinho, tudo como manda o figurino. Até que chegou o casamento e a noite de núpcias. Depois de uma semana, ela vai visitar a mãe e desabafa, toda chorosa:
– Ah, mãe... Ele é muito bonzinho, mas tem um troço enorme. Que é que eu faço?
E a mãe, distraída:
– Te vira, pô!
E a filha:
– Mas, mãe... Aí é pior, dói mais.

SEXO COM TOMATES......................................

Loucos para chegar à cidade do litoral para começarem a lua de mel, os noivinhos recém-casados se perderam na estrada e resolveram achar um motel para pelo menos passarem a noite. Mas só encontraram uma espelunca frequentada por caminhoneiros. E mais: só tinha lugar na parte de cima de um beliche. Embaixo, dormia um negrão já ferrado no sono.

Apesar da situação constrangedora, o casal resolveu não se apavorar e encarar a coisa numa boa. Estavam loucos para transar e a noivinha sugeriu:

– Tá tudo bem... Pode ser aqui mesmo... Só que não podemos fazer barulho, senão o cara aí embaixo acorda.

– Tudo bem, Gildete... Eu tenho uma ideia: quando você estiver para gozar, diz baixinho: "batata, batata, batata". E eu respondo: "tomate, tomate, tomate".

E o casalzinho mandou ver. Só se ouvia "batata" pra cá, "tomate" pra lá. De repente, o negão de baixo do beliche grita:

– Pô, vê se acaba logo com esse negócio, que a maionese toda tá caindo em cima de mim.

A MAIOR VERGONHA

Numa festinha de confraternização de antigos alunos, três deles resolvem relembrar coisas da infância. E contam as situações constrangedoras em que passaram as maiores vergonhas. Começa o primeiro:

– Eu estava debaixo da mesa da professora tirando a calcinha de uma amiga, quando a toalha da mesa caiu e a sala toda me flagrou. O maior vexame.

– Isso não é nada – continua o segundo. – Eu estava representando uma peça no colégio e aproveitei um intervalinho para dar uma cagada, pois tinha passado todo o primeiro ato apertado. Fui lá atrás do palco, no escuro, e pimba: estava lá todo relaxado, me aliviando, quando o pano do palco sobe e a plateia me viu... Todos os pais de alunos, irmãs maiores... A maior vergonha!

Aí chegou a vez do terceiro:

– Eu tava no banheiro lascando a maior punheta, esqueci de trancar a porta e minha mãe entrou e me flagrou no ato.

– É, cara, isso não é vergonha, acontece com todos os meninos.

– É, eu sei, mas comigo aconteceu ontem.

DOR DE CABEÇA ....

O casal estava lá no zoológico andando pra cá e pra lá, passam pela jaula do leão, do hipopótamo, da zebra e chegam finalmente até a jaula do orangotango.

– Você sabia – diz o homem – que os macacos ficam excitados como nós?

E a mulher:

– É mesmo? Eu vou fazer um teste.

A mulher abre um botão da blusa e mostra um pedaço do seio. O orangotango olha praquilo e empina o mastro.

– Tá vendo? – diz o marido.

A mulher, então, desabotoa o outro botão e tira um peitão pra fora.

O macaco pega no pau já duríssimo e se aproxima das grades. Aí, ela levanta a saia e mostra a calcinha e as coxas. O macaco começa a urrar, berrar e pega em duas grades da jaula como se quisesse forçá-las.

A mulher se entusiasma ainda mais e abaixa as calcinhas, mostrando a perereca. O orangotango não se aguenta, faz uma puta força e arrebenta as grades e sai da jaula em direção à mulher, com o pau já pingando.

A mulher se assusta e pergunta pro marido:

– E agora, o que eu faço?

O marido:

– Agora você tenta explicar pra ele que você está indisposta, cansada, com enxaqueca, dor de cabeça...

SALMO 129

Um padre vem de carro pela estrada quando avista, andando pelo acostamento, uma freira conhecida sua. Ele para e oferece carona.

Ela sobe e senta no banco do passageiro, cruza as pernas e o hábito se abre, aparecendo as coxas brancas e deliciosas. O padre dirigindo e olhando.

Numa troca de marcha, ele coloca a mão sobre a perna da freira, que lhe diz:

– Padre, lembre-se do salmo 129.

Ele pede desculpas e continua dirigindo. Mais adiante, em outra troca de marcha, coloca novamente a mão sobre a perna da freira, que repete:

– Padre, lembre-se do salmo 129.

O padre se desculpa, dizendo:

– Perdoe-me, irmã, mas você sabe que a carne é fraca.

Mais adiante a freira desce. Logo que chega à sua igreja, o sacerdote corre até a Bíblia e vai ler o tal salmo 129. Nele está escrito: "Siga buscando, e logo acima encontrarás a glória...".

FAÇO QUALQUER COISA

Mal chegara à capital e o caipira é abordado por uma prostituta que lhe oferece seus serviços. Ele olha desconfiado e pergunta:

– Cê faiz qui nem a Rosa?

– Lógico, faço qualquer coisa, vamos?

Vão. Depois de completo o negócio, a piranha pergunta:

– Foi bom?

– Bom, foi! Mas cê não faiz igual à Rosa?

Intrigada, ela torna a fazer, ele torna a perguntar. Ela usa todos as técnicas que sabe – de 69 a frango assado – e ele continua perguntando:
– Cê faiz qui nem a Rosa?
A putona se emputece:
– Porra! O que é que essa Rosa faz que eu não faço?
– A Rosa faiz fiado, uai!

CARONA

No meio da estrada, duas freiras pedem carona. Encosta um caminhão com dois caras secos por mulher. Mal rodam uns quilômetros, param no acostamento e começam a sacanagem, cada um pega uma freira e pimba. De repente, uma delas grita:
– Meu Deus, perdoai estes homens que eles não sabem o que fazem!
E a outra:
– Só se for o seu, porque o meu é um verdadeiro artista.

BÊBADOS

CONSELHO MÉDICO

O pinguço vem andando pela rua, equilibrando uma garrafa de cana na cabeça.

– O que é isso, cara? Tá maluco? – pergunta o amigo.

– Conselho médico.

– Como assim?

– O doutor me disse para suspender o álcool!

CINDERELA

O sujeito vai andando pelo meio do mato, tarde da noite, quando escuta um barulho estranho entre as plantações. Vai verificar e dá de cara com um velho amigo, completamente bêbado, tirando o maior sarro numa abóbora:

– Fulano, o que é isso? Fodendo com uma abóbora!

– Abóbora? – perguntou o outro, espantado.

– Abóbora, sim.

– Nossa, deu meia-noite e eu nem percebi.

ME ARRANJA OUTRA

O bêbado entra no inferninho e grita:

– Eu quero uma puta! Eu quero uma puta bem depravada!

O gerente, preocupado com o escândalo e sem poder botar o cliente para fora na porrada, pede para uma moça levá-lo para um dos quartos e lhe dar uma boneca inflável.

Em menos de dez minutos o bêbado volta dando bronca:

– Me arranja outra puta que aquela lá é muito louca!

– Muito louca? – pergunta o gerente, com cara de cínico. – Como assim?

– Quando lhe dei uma mordida na bunda, ela deu três piruetas no ar e saiu voando pela janela!

O PORTA-VOZ

A mulher acordou no meio da madrugada, com batidas na porta. Foi abrir e deu de cara com quatro bêbados, cada um pior que o outro. Antes que a mulher desse o boa-noite, um deles se adiantou:

– Madame, veja por favor qual desses quatro aqui é o seu marido, porque os outros três estão morrendo de sono.

AS DESPEDIDAS

Os três bebuns estão no maior porre na plataforma da estação. Chega o trem e é aquela quizumba, tiram as garrafinhas do paletó e começam a brindar, choram, cantam e bebem. O trem dá o sinal de partida e os três naquela confusão na porta do vagão, tentando botar o pé no degrau, até que um deles consegue ser empurrado pra dentro. O trem começa a andar, o outro fica meio no vai não vai, se agarrando no balaústre da porta do vagão até que um passageiro o puxa pra dentro. E o terceiro sai correndo com as pernas bambas, querendo segurar pelo menos na janela, tropeça e se esborracha no chão.

Um guarda, que estava só vendo aquela bagunça toda, levanta o bebum e diz:

– Não fique assim, meu amigo, pelo menos dois de vocês conseguiram pegar o trem. Já é alguma coisa.

– Alguma coisa, o caralho, seu guarda... Quem ia viajar era eu... hic... os dois vieram só pras despedidas.

O SIRI DA MORENA

Uma morena espetacular foi à praia, estirou-se toda para pegar aquele bronze e acabou dormindo na toalha. Um sirizinho, daqueles bem pequenininhos, entrou por dentro do maiô e se instalou na xoxotinha da moça. Chegando em casa, a garota começou a sentir uma baita coceira por dentro e resolveu procurar um médico.

– Você é virgem? – perguntou o médico.

– Sim!

– Então, use esse creme que a coceira vai passar! Dois dias depois, a morena voltou e reclamou que a coceira continuava, então o médico passou uma receita especial, sete comprimidos e uma pomada para usar durante sete dias. Oito dias depois lá estava a morena e a coceira persistia, o médico examinou e concluiu:

– A senhorita vai ter que perder a virgindade urgente!

– O senhor tem certeza?

– Absoluta!

A morena saiu alucinada do consultório médico, encontrou na rua um amigo, que estava bêbado, e o arrastou para um motel. O amigo bêbado, sem entender nada do que estava acontecendo, viu aquele mulherão na sua frente, pelo qual sempre teve o maior tesão, e mandou brasa.

– Vai devagar que eu sou virgem! – advertiu ela. Assim que o bêbado enfiou-lhe a pica, o siri agarrou na cabecinha. Ele deu um berro, tirou o pau imediatamente e viu o siri cair no chão, com as garras levantadas em posição de ataque. Aí o bêbado olhou para o siri e exclamou:

– Qualé, cabaço?! Vai querer encarar?

NO CEMITÉRIO

No enterro de um bom pé de cana, todo os amigos estavam se lamentando quando, entre eles, um teve a grande ideia:

– Deveríamos abrir um bar neste cemitério! Só assim poderíamos nos despedir dos amigos como se deve!

Um sóbrio que estava presente estranhou a ideia, mas entrou na conversa:

– Como se chamaria esse bar?

– Ora, A Saideira!

PROCURANDO O APARTAMENTO

Apoiado no batente da porta do edifício, o bêbado começa a apertar a campainha dos apartamentos do primeiro andar:

– Oooo seuu marido tá em casa?

– Tá sim, bêbado escroto! – responde a voz pelo interfone. – Vá amolar a sua mãe!

O pau d'água não desiste e toca no segundo andar:

– Oooo seuuu marido tá em casa?

– É claro que sim! Meu marido não é um bêbado vagabundo!

E assim vai o bebum enchendo o saco andar por andar até tocar a campainha do último apartamento:

– Ooo seuuu marido tá?

– Não, não está! – responde a mulher, furiosa.

– Então dá pra senhora descer aqui e ver se sou eu?

COMUNICAÇÃO

O bêbado passa assobiando pela rua deserta, trocando as pernas, quando se depara com um sujeito deitado no meio-fio, com a cara enfiada dentro de um bueiro, repetindo:

– PXH7489, PXH7489...

O bêbado acha aquilo o maior barato, vai cambaleando até outro bueiro, enfia a cara lá dentro e começa a responder pro sujeito:

– PYT2653, PYT2653...

E o outro:

– Cala a boca, filho da puta, senão eu esqueço o número da chapa do carro que me atropelou.

DESPERDÍCIO

O bêbado está todo trançado no meio da rua, tentando andar pra frente, quando dá um tropeção sensacional e cai de cara dentro da lata de lixo. Como o cinto enrosca numa farpa de zinco, as calças caem e o sujeito fica com a bunda toda de fora. Outro bêbado passa, olha praquilo e exclama:

– Que desperdício! Um cu novinho desse, jogado no lixo.

BOTA OUTRO DRINQUE

O bêbado entrou no bar pra lá de Marrakesh, todo travado, se encostou no balcão e pediu:

– Bota uma pinga aí.

O português pegou uma velha garrafa de cachaça e botou no copo do pinguço. No meio do líquido, veio lá uma barata boiando. O bêbado não conversou, virou tudo aquilo e ainda mastigou o que tinha dentro. Terminou, lambeu os beiços e gritou pro português:

– Bota outro drinque igual a esse pra mim. E capricha na ameixa.

TÁXI..

Depois de passar a noite na boate, enchendo a moringa, o beberrão sai e dá de cara com um sujeito elegante, farda cheia de fitas e medalhas penduradas no ombro e no peito. Só podia ser o porteiro.

– Me chama um táxi aí, ô rapaz.

– Me respeite, seu cachaceiro, que eu não sou porteiro de boate. Você está falando com um almirante – reage o engalanado.

– Tá certo – diz o bêbado –, me chama então o navio.

BALADA NO CEMITÉRIO ....

Duas amigas passaram a noite na gandaia e tomaram todas!

Na volta para casa, bateu a maior vontade de urinar e o lugar mais fácil era um cemitério, entraram e resolveram urinar ao lado de uma tumba. A primeira se abaixou, urinou, tirou a calcinha, se limpou com ela e jogou-a fora. A outra urinou e quando acabou pensou: "não vejo por que jogar a calcinha fora".

Agiu rápido puxou a fita de uma coroa de flores que estava sobre o túmulo e se secou.

Na manhã seguinte, o marido de uma telefonou preocupado para o marido da outra e disse:

– Ontem a noite foi da pesada. A minha mulher chegou no maior porre e sem calcinha.

O outro respondeu:

– Pior foi a minha, que chegou com uma fita presa na calcinha com os dizeres: "Jamais te esqueceremos: Sílvio, Marcelo e Ismael".

É AQUI MESMO

O bebum sai do bar e pega um táxi. Depois de dar o itinerário para o motorista, cai no sono. Mas o carro não pega de jeito nenhum. O motorista desce, levanta o capô, verifica o óleo, o carburador e nada. Vai até um borracheiro ali perto e o mecânico vem ver o que é que o carro tem. Faz mil testes e, meia hora depois, o carro está bonzinho de novo. Quando o motorista dá a partida, o bebum acorda, olha pra fora, vê o bar e diz:

– Pode parar, é aqui mesmo que eu vou.

INCLINAÇÃO IDEAL

– Pois é, imagina, Jandira, que meu marido é tão viciado em cerveja que, na hora de gozar, me inclina pra não fazer espuma.

NO MCDONALD´S

O bêbado entra no McDonald's e pede:

– Me dá um sanduíche de mortadela!

– Não temos, meu senhor – responde o atendente, todo solícito. – Só servimos o que está ali naquela placa.

– Então, me dá um daquele ali!

Sem imaginar as intenções do bêbado, o atendente diz:

– Por favor, senhor, peça pelo número!

– Pelo número? Então, me dá uma 51.

CADA VEZ MENOS

O bêbado entra num boteco e pede:
– Coloca aí dez doses de pinga!
O dono serve as dez pingas, e o bêbado toma todas.
– Agora quero cinco doses!
O dono coloca-as e o bêbado toma todas e diz:
– Agora coloca só três, viu?
O bêbado bebe as três e pede:
– Só uma agora! É a última!
O bêbado toma a derradeira, dá uma cambaleada e conclui:
– Não dá pra entender. Quanto menos eu bebo, mais torto eu fico!

DE CAMISA BRANCA

Estádio lotado pra tourada lá em Madri. Quando o touro e o toureiro entram na arena, um bebum grita lá da arquibancada:
– Eu cago na cabeça do touro!
Todo mundo se espanta, sem entender direito. E o cara continua:
– Eu cago na cabeça do touro e na do toureiro também!
Intrigados com aquilo, os espanhóis, que encaram a tourada com o maior respeito, acham uma coisa meio sagrada e tal, chamam um guarda para acalmar o sujeito. Mas de nada adianta:
– Eu cago na cabeça do touro, na do toureiro, na cabeça do guarda. Cago na cabeça de todo mundo que tá aqui, menos na cabeça daquele cara de camisa branca!
O guarda chama o comandante da guarnição policial

e já ninguém mais presta atenção na arena. Todo mundo de olho no bêbado, que estava dando um autêntico show à parte. E ele insiste:

– Pois eu cago na cabeça do touro, do toureiro, do guarda, do comandante e de todo mundo que está aqui... Menos na cabeça daquele cara de camisa branca que tá ali.

A essa altura, o tal cara de camisa branca não se aguenta mais, vai lá e pergunta pro bebum:

– Ô, figura, por que é que você não caga na minha cabeça?

– Porque é onde eu vou me limpar.

BOM NEGÓCIO

O bêbado entra no bar e pede uma cerveja. Mal chega a cerveja e o bêbado pede para trocar por um refrigerante. O garçom não entende, mas troca. O bêbado toma o refrigerante e sai sem pagar, quando o garçom cobra:

– Você não pagou o refrigerante!
– Porque troquei pela cerveja.
– Mas você também não pagou pela cerveja!
– Claro, não bebi.

ÁGUA NO CARBURADOR

Aturar bêbado é dose. Agora, encarar uma pinguça já é *overdose*!...

A ricaça chega em casa, de madrugada, completamente mamada, trançando os pés, descabelada, com os sapatos na mão, e diz ao marido que o carro pifou:

– Tenho certeza que entrou água no carburador – diz a madame, enquanto senta no sofá, toda desengonçada.

– Que entrou água no carburador, o quê! – retruca o marido, indignado. – Você não sabe o que está dizendo! Onde está o carro?

– Dentro da piscina...

NO LITORAL

O bêbado sobe no ônibus, cambaleando, batendo aqui e ali, dá uma parada bem em frente de um marinheiro, tira uma nota do bolso para pagar a passagem e diz pra ele:

– Vai até o bairro do Maçuco?

– Eu não sou cobrador, sou marinheiro.

E o bêbado:

– Então, para essa porra, senão eu pulo n'água!

BÊBADO AO VOLANTE

Certo dia, Augusto encheu a cara com os amigos. Quando chegou em casa, a mulher, que não aguentava mais ficar esperando, estava puta da vida. Augusto achou prudente saírem para dar uma volta e, para mostrar que não estava bêbado, insistiu em dirigir.

Dali a pouco, a mulher diz:

– Augusto, olha o cachorro!

– Desviando – diz Augusto

– Olha a vaca.

– Desviando.

– Olha o carro.

– Desviando.

– Augusto, olha a ponte!

– Desviando.

A ESCADA

Dois bêbados caminham pela linha do trem há horas. De repente, um deles comenta:

– Caramba, esta escada não acaba mais?

– O pior é esse corrimão baixinho...

A SAIDEIRA

O sujeito, todo travado na festa, estava começando a dar o maior vexame. A mulher, tentando evitar e contornar a situação, diz:

– Benhê... que tal a gente tomar um táxi?

E o bebum:

– Ah... (hic!) pra mim, chega. Não quero tomar mais nada por hoje!

FORA DO AR

O sujeito chega em casa pra lá de Bagdá. Tira os sapatos e enfia na geladeira, coloca o paletó no forno e já ia passando requeijão nele, quando resolve encher uma bacia de água pra enfiar a cara dentro e ver se melhorava. Depois de enfiar a cara, atira a água pela janela.

Vem de baixo uma voz furiosa:

– Ô filho da puta! O que é que está fazendo?

O bebum arregala os olhos, vê a bacia vazia, olha pela janela e diz, tropeçando na língua:

– Desculpe, eu não tinha visto o senhor na bacia...

NO BAR

Altas da madrugada, os dois bebuns no maior papo:

– Quantos anos de casado você tem?

— Vinte e nove, mas preferiria ter pegado trinta anos de cadeia.
— Que exagero, cara, até que você não vive tão mal com tua mulher, vai.
— Só que se eu estivesse na cadeia, só faltava um ano pra cair fora!

CACHORRO NA IGREJA

O bêbado ouvia atentamente o sermão:
— Se vocês orarem com fé, Jesus entrará em suas vidas e permanecerá dentro de suas almas. Deixe que Jesus entre!

Nesse momento, o bêbado, que estava ajoelhado orando, tão concentrado, não viu um cachorro que lambeu seu traseiro. Ele então falou:
— Por aí não, Senhor! Por aí não!

OLHA A MANGUEIRA

Semana Santa no interior. O bebum, se segurando no batente da porta de um boteco, vê a procissão passando com a santa num andor todo verde e rosa, e berra:
— Olha a mangueira aí, gente!

Enfezado, o padre vira-se para o bêbado e esbraveja:
— Mas que falta de respeito, seu excomungado! Não tem vergonha, não?

Nem bem o padre acaba de falar, a santa bate no galho de uma mangueira e cai, espatifando-se toda no chão.

E o bêbado:
— Eu avisei, não avisei?

FÓRMULA

O sujeito sai do bar depois de ter tomado todas e mais algumas e vê um táxi parado na rua. Abre a porta com violência, entra no carro aos trancos e barrancos, engancha o pé no tapetinho e cai de cabeça na outra porta. Ela se abre, ele dá uma cambalhota no ar e cai de pé do outro lado. Vira-se e pisca para o motorista:

–Tu é bom, hein, cara? Quanto foi a corrida?

MEMÓRIA CURTA

E a mulher, na festa, enchendo a cara:
– Estou tentando te esquecer, seu ingrato!
E o sujeito, já todo trêbado:
– E eu tô tentando me lembrar quem você é.

OPERAÇÃO ESPIRITUAL

Um bêbado andava pela rua quando passou na frente de uma igreja. Ele se espantou ao ouvir berreiros e gemidos lá de dentro. Então ele perguntou para o sacristão que estava na porta:

– Ô colega, o que está acontecendo aqui?
– É Jesus que está operando.
– E esse cara não usa anestesia?

INDISCRETO

O bêbado entra no ônibus e senta-se ao lado de uma freira, que se distraía com uma revista de palavras cruzadas.

Ela percebe que o bêbado não tira o olho da revista e diz, pra provocar:

– É feio e, ainda por cima, tem um fedor insuportável!

O bêbado olha pra freira, olha pra revista e diz:

– Se for com duas letras é cu!

DEFESA ABERTA

O padre, na maior empolgação, faz aquele sermão poderoso:

– E Jesus passou por Jerusalém. E Jesus passou pelas montanhas do Sinai. E Jesus passou por Jericó...

O bêbado, no fundo da igreja, intervém:

– Pô! E não tinha nenhum bom lateral esquerdo pra segurar esse sujeito, não?

MACHÃO

O sujeito entra no botequim e pede uma pinga. O dono do bar, de sacanagem, bota álcool 52 pro cara, que vira o copo, limpa a boca com a manga, vira pro dono do bar e fala:

– Qualé, mermão? Tá botando água na pinga? Vê um negócio forte aí!

O dono do botequim vai lá dentro, pega uma garrafa de ácido sulfúrico e enche o copo:

– Prova este.

O cara vira o copo sem respirar e diz:

– Legal.

E sai feliz da vida, cantando, deixando o dono de queixo caído. No dia seguinte, o bêbado volta:

– Me dá uma pinga.

O dono, distraído, enche o copo com cachaça. O machão vira o copo, faz cara feia e diz:

– Quero essa não. Me dá uma dose daquela que, quando a gente faz xixi, enche o chão de buraquinho!

DA BOA

Um bêbado entra num bar e está lá indeciso sobre o que pedir, pois naquela noite já tinha bebido de tudo. De repente, outro bêbado que estava a seu lado cai de costas, duro como um bacalhau, espumando pela boca. O primeiro bêbado chega pro *barman* e diz:

– Pra mim, o mesmo, por favor.

ALTAS HORAS

Às três horas da madrugada, o dono do bar já está em casa no segundo sono quando toca o telefone:

– Alô!

Do outro lado o sujeito diz:

– Ô moço... hic... a que horas você abre o... hic... bar?

– Às oito horas da manhã – responde ele, meio dormindo, e bate o telefone.

Dez minutos depois, o telefone toca novamente:

– Ô moço... hic... tem certeza que o bar só vai... hic... abrir às oito?

– SIM! Às oito horas!

Sete minutos depois, o telefone toca novamente:

– Ô moço... hic... Mas será que não dá pro senhor abrir o bar... hic... um pouco mais cedo?

– Não! Não dá!... O senhor não pode esperar até às oito?

– Bem... hic... Eu consigo sim, mas eu estou trancado aqui dentro desde ontem... hic... E tô louco pra voltar pra minha casa!

ORGANIZAÇÃO DOMÉSTICA

Conversa de bêbado:

– Sabe? Lá em casa, eu e a patroa somos muito organizados. A gente bebe metade água, metade vinho...

– Como é que é? Misturam água no vinho?

– Não! Ela toma água e eu tomo vinho!

PUTA É A MÃE

Dois bêbados enchem a cara num boteco quando, a certa altura da madrugada, o primeiro propõe:

– Que tal irmos para a zona?

– Boa ideia – responde o segundo e, ao tentar se levantar, cai e se esborracha no chão.

O primeiro, ao ver o lamentável estado de seu amigo, acha melhor ir para casa e leva o amigo junto.

Ao bater à porta, são recebidos por uma mulher despenteada, velha e mal-humorada.

– Que puta mais horrível! – comenta o segundo bêbado.

– Essa é a minha mãe – diz o primeiro, completamente sem jeito.

– Aaaahh! Então eu vou comer só por consideração!

TOMARA

O bêbado levou um puta escorregão e caiu de bunda. Com muita dificuldade, conseguiu ficar de pé outra vez. De repente, sentiu um líquido escorrendo pelo seu corpo. Ele apalpa os bolsos, procura a garrafinha que trazia e geme:

– Hic... Tomara que seja sangue!

UM TIPO INCONVENIENTE

É domingo e o restaurante, com o maior ambiente familiar, está lotado. O garçom caminha apressadinho para a cozinha e é abordado por um bêbado que está em pé entre as mesas e lhe diz, em alto e bom tom:

– Eu vou comer a sua mãe!

Mal-estar geral no salão. O garçom ignora a provocação e continua a servir.

Ao passar novamente pelo bêbado, ouve:

– Comi a sua mãe legal! Passei a vara na velha!

O garçom finge que não é com ele, mas os clientes do restaurante ouvem muito bem e ficam horrorizados.

É só o garçom passar perto do bêbado, pra esse lhe gritar nos ouvidos que vai comer a mãe dele. Até que um dos fregueses se enche e fala discretamente ao garçom:

– Você precisa botar pra fora esse bêbado inconveniente. Ele está infernizando todos os fregueses...

O garçom então chega perto do cachaceiro e lhe diz:

– Pai, é melhor você ir pra casa! Já tem gente reclamando!

SERIA UM PATINHO

Estava um bêbado no ônibus, falando sozinho e em voz alta:

– Se meu pai fosse um pato e minha mãe uma pata, eu seria um patinho... Se meu pai fosse um cachorro e minha mãe uma cadela, eu seria um cachorrinho... Se meu pai fosse um gato e minha mãe uma gata, eu seria um gatinho... Se meu pai fosse um...

– Escuta aqui, ô meu chapa – interrompeu o motorista, em altos brados, levantando-se e caminhando em sua direção. – E se teu pai fosse um veado e tua mãe uma puta?

– Aí eu seria motorista!

HOMEM-MORCEGO..
Um bêbado sai do bar, completamente chapado, e vê uma freira, vestida com seu tradicional hábito preto, vindo em sua direção. Quando ela está bem pertinho, o bêbado, sem mais nem menos, parte pra cima dela e dá-lhe um surra. Depois de levar muitos socos e pontapés, a freirinha se estatela no chão, nocauteada.

Decepcionado, o bêbado olha pra ela e reclama:

– Pô, esperava mais de você, Batman!

PONTARIA RUIM...
O bêbado chega em casa trançando as pernas e vai direto se aliviar. Depois, diz apavorado pra mulher:

– Ana, é melhor a gente se mudar daqui, que esta casa é mal-assombrada.

– Mal-assombrada, como assim?

– Imagine que abri a porta do banheiro e a luz se acendeu sozinha. Depois, mijei, fechei a porta e a luz se apagou sozinha.

– Porra, Macedo, você mijou outra vez na geladeira!

UMA DANÇA ESTRANHA ....
Quando a música começou, um bêbado levantou-se cambaleando e, trocando as pernas, dirigiu-se a uma senhora de preto e pediu:

– Hic... Madame, me dá o prazer dessa dança?

A resposta foi rápida:

– Não, por três motivos: primeiro, o senhor está bêbado em pleno velório! Segundo, porque não se dança o Hino Nacional! E, terceiro, porque "madame" é a puta que o pariu, eu sou padre.

NO CONSULTÓRIO (2)

O médico acaba de examinar o paciente e diz:

– Olha, vou ser bastante franco com o senhor: não consegui ainda concluir qual é o seu problema. Acho que é por causa da bebida.

– Nesse caso – responde o paciente –, volto outra hora, quando o senhor estiver sóbrio.

ANTES DA BRIGA

Um bêbado entrou no bar do seu Joaquim e foi logo berrando:

– Por favor, me dá uma pinga antes da briga.

O dono do boteco acha aquilo muito estranho, mas atende o pedido.

Dali a pouco, o bêbado volta a pedir, com insistência:

– Manda outra... branquinha, da boa, antes da briga!

Sempre sem comentar nada, pois não estava entendendo, seu Joaquim enche vários copos, enquanto o cara repetia sempre:

– Outra pinga, antes da... hic... da briga!

– Mas a que raio de briga o gajo está se referindo? Há meses que não tem briga nenhuma cá neste bar.

E o bebum:

– Bom... é que eu não tenho dinheiro.

QUANDO FOI?

A gatinha de uns dezesseis anos, usando shortinho agarradinho, umbiguinho de fora, toda lindinha, chega pro pai e pede um cigarro.

– Velho, me descola um cigarro!
– Que é isso, minha filha, desde quando você fuma?
– Ora, desde o dia em que transei pela primeira vez.
– O quê? E quando foi isso?
– Sei lá, eu estava no maior porre!

ALGUÉM NA CAMA

O hotel estava lotado e não deu jeito, os dois bêbados tiveram não só que dividir o mesmo quarto, mas também a mesma cama de casal. No meio da noite, quarto muito escuro, um vira pro outro e diz:

– Amigo, tem alguém na minha cama.
– Você num sabe! Na minha também tem – cochicha o outro.

E o primeiro bêbado propõe:

– Eu vou empurrar ele pra fora da minha cama. Você faz a mesma coisa.

E empurraram com força.

– Então?
– Ele é mais forte que eu. Caí no chão. E você?
– Eu derrubei o sujeito. Pode vir dormir na minha cama...

MULHERES DEMAIS

Bar fechando e os dois homens ainda lá, completamente travados, mas tomando a quinta saideira da noite.

– Seguinte, cara... Vamos tomar mais uma e vamos sair pra paquerar algumas mulheres por aí.

– Tá louco? – responde o mais sóbrio. – Já tenho mulheres demais lá em casa.

– Tudo bem. Então, tomamos mais uma e vamos direto pra tua casa.

O CHOPE

O alemão em férias no Rio de Janeiro, no balcão do bar, bebendo que nem um desgraçado. De repente, pinta a maior vontade de ir ao banheiro. Já meio descolado em relação à malandragem carioca e com medo que algum gaiato fosse beber o chope enquanto ele estivesse no banheiro, escreve um bilhetinho e deixa no balcão: "Mijei no chopa". Sossegado, ele sai do lugar e vai ao mictório.

Quando volta, no bilhete alguém tinha acrescentado: "Eu também".

NAUFRÁGIO

Um bêbado cai numa poça de água, de noite, numa rua alagada. Um sujeito passa e, condoído pela situação ridícula do bêbado, resolve tirá-lo dali. E este responde:

– Salve primeiro as mulheres e as crianças. Eu sei nadar.

O RELÓGIO

O sujeito comprava todo dia uma porrada de fichas, chegava no pé da torre do relógio da Estação da Luz, enfiava as fichas numa fresta da parede, subia num degrauzinho da escada e ficava olhando lá pra cima, batendo na parede e dizendo:

– Como é... esse ponteiro mexe ou não mexe?

Até que um dia, outro cara, mais bêbado que ele, disse:

– Tu tá maluco, ô cara? Já viu ponteiro de relógio mexer no grito?

– Ponteiro de relógio? Que merda. E eu pensando que tava me pesando.

ÔNIBUS ERRADO

O bêbado entra no ônibus lotado e vai se esgueirando, no meio dos passageiros, tentando ir mais pra frente. Na primeira freada brusca, ele cai por cima de uma velha carola que lhe diz, exaltada:

– Talvez o senhor não saiba, mas o senhor vai para o inferno!

E o bêbado, puxando a campainha, apavorado:

– Para, motorista! Para, que eu peguei o ônibus errado!

AMANHÃ É OUTRO DIA

O cara, trêbado, na festa de quinze anos da sobrinha, encontra uma senhora e já vai logo passando a maior cantada. Avança o sinal e é interrompido:

– O senhor está bêbado! – fuzila a madame.

– E a senhora é feia. Eu, pelo menos, amanhã tô bom!

NA PRAIA

Plenas cinco horas da manhã, lá vem o bêbado cambaleando pela praia, trançando as pernas, com um cigarro apagado no canto da boca e, de repente, dá de cara com um atleta fazendo flexões na areia, com o corpo estendido, barriga para baixo, os pés firmes, as duas mãos espalmadas no chão. O bêbado, olhando praquilo uns dez minutos, diz:

– Escuta aqui, ô cara! Será que você não percebeu que a mulher já foi embora faz tempo?

OS GÊMEOS

O bêbado entra no bar e se aproxima de uma mesa onde estão sentados dois rapazes idênticos.

– Ué, será que estou vendo demais?
– Não se preocupe, nós somos gêmeos.
– Os quatro?

MELHOR ESPERAR

O bêbado esbarra numa árvore, num poste, noutra árvore, senta-se e diz:

– É melhor esperar a procissão toda passar.

O BEBUM

O sujeito sai da festa trêbado, tropeçando na própria sombra. Mal consegue enfiar a chave do carro na porta, liga o motor, arranca de ré, bate na traseira de outro carro, sobe na calçada, arranha o poste e dá uma senhora porrada de frente no muro. O guarda sai correndo na direção dele e pergunta:

– O senhor está de fogo?
– Mas é evidente, seu guarda. Ou o senhor acha que alguém pode dirigir mal desse jeito?

TRATAMENTO PERSONALIZADO

O sujeito entra no bar e pede uma cerveja. Como era um bêbado dos mais pentelhos, o dono do bar vai lá dentro, pega uma garrafa, dá uma mijada dentro e traz o copo pro freguês, com espuma e tudo. O cara vira de uma vez, dá uma respirada, pensa um pouco, cheira o copo e berra pro dono do bar:

– Agora, me traz um sanduíche de merda!

BATENDO NO POSTE

No cu da madrugada, o manguaceiro está mais pra lá do que pra cá, apoiado com uma das mãos no poste e com a outra dá batidinhas no mesmo, com os nós dos dedos, como se fosse uma porta: "Toc-toc-toc... toc-toc-toc...".

Passa um gozador e mexe com ele:

– Ô, bebum! Não adianta bater! Não tem ninguém em casa!

– Lógico que tem! A luz tá acesa!...

A MULTIPLICAÇÃO DOS PÃES

Está lá o padre fazendo o sermão da multiplicação dos pães. Se atrapalha todo e diz:

– É bom lembrar que Jesus, com cinco mil pães, deu de comer a cinco pessoas...

E o bebum, lá da primeira fila, comenta, cínico:

– Isso eu também faço.

O padre fica puto, diz que continuará o sermão no dia seguinte e dá por encerrado o expediente. Depois da missa, o sacristão chega pro padre e diz que o bêbado tinha razão, que o padre tinha realmente trocado as bolas.

No outro dia, o padre recomeça o sermão, agora tomando mais cuidado:

– É sempre bom lembrar que Jesus com apenas cinco pães, eu disse cinco pães, alimentou cinco mil pessoas...

E o bebum, de novo:

– Isso é moleza, eu também faço.

O padre não se contém:

– Ah, é? Como?

– Fácil, é só pegar o que sobrou de ontem...

Coleção L&PM POCKET

HUMOR & QUADRINHOS

Adão Iturrusgarai
Aline e seus dois namorados (1)
Aline: TPM – tensão pré-monstrual (2)
Aline: viciada em sexo (3)
Aline: finalmente nua! (4)
Aline: numas de colegial (5)

Angeli
E agora são cinzas
Os broncos também amam
Rê Bordosa: do começo ao fim
Skrotinhos
Walter Ego
Wood & Stock

Charles Schulz
Snoopy e sua turma (1)
Snoopy em: Feliz Dia dos Namorados! (2)
Snoopy em: Assim é a vida, Charlie Brown! (3)
Snoopy em: É Natal! (4)
Snoopy em: Posso fazer uma pergunta, professora? (5)
Snoopy em: Como você é azarado, Charlie Brown! (6)
Snoopy em: Doces ou travessuras? (7)
Snoopy em: No mundo da Lua! (8)
Snoopy em: Pausa para a soneca (9)
Snoopy em: Sempre alerta! (10)

Ciça
Pagando o pato

Dik Browne
O melhor de Hagar, o horrível 1
O melhor de Hagar, o horrível 2
O melhor de Hagar, o horrível 3
O melhor de Hagar, o horrível 4
O melhor de Hagar, o horrível 5 (c/Chris Browne)
O melhor de Hagar, o horrível 6 (c/Chris Browne)

Edgar Vasques
Rango

Glauco
Abobrinhas da Brasilônia
Geraldão 1: Edipão, surfistão, gravidão
Geraldão 2: A genitália desnuda
Geraldão 3: Ligadão, taradão na televisão

Iotti
Novíssimo testamento: com Deus e o Diabo, a dupla da criação
Radicci 1
Radicci 2
Radicci 3
Radicci 4
Radicci 5
Radicci 6
Radicci 7

Jim Davis
Garfield em grande forma (1)
Garfield está de dieta (2)
Garfield – um gato de peso (3)
Garfield numa boa (4)
Garfield – toneladas de diversão (5)
Garfield – de bom humor (6)
Garfield – um charme de gato (7)
Garfield – e seus amigos (8)
Garfield – um gato em apuros (9)
Garfield – o rei da preguiça (10)

Laerte
Fagundes: um puxa-saco de mão cheia
Piratas do Tietê 1: a escória em quadrinhos
Piratas do Tietê 2: histórias de pavio curto
Striptiras 1: gato & gata
Striptiras 2: Grafiteiro, o detonador do futuro
Striptiras 3: O Zelador, pau pra toda obra, e o Síndico sempre de olho
Striptiras 4: Capitão Douglas, rebelde ou herói

Mauricio de Sousa
120 tirinhas da Turma da Mônica
Chico Bento: plantando confusão
Turma da Mônica: Bidu arrasando!
Turma da Mônica: Bidu – diversão em dobro!
Turma da Mônica: Cebolinha em apuros!
Turma da Mônica: De quem é esse coelho?
Turma da Mônica: Mônica está de férias!
Turma da Mônica: Mônica tem uma novidade!
Turma da Mônica: Pintou sujeira!
Turma do Penadinho: Quem é morto sempre aparece
Os Sousa: desventuras em família

Mort Walker
O melhor do Recruta Zero 1
O melhor do Recruta Zero 2

Nani
Batom na cueca
É grave, doutor?
Foi bom pra você?
Humor barra pesada
Humor do miserê
Humor politicamente incorreto
Orai pornô

Paulo Caruso
As mil e uma noites

Peyo
O Bebê Smurf
O Smurf Repórter

Santiago
Conhece o Mário? (1)
Conhece o Mário? (2)
A dupla sertanojo

Scott Adams
Dilbert: Corra, o controle de qualidade vem aí! (1)
Dilbert: Você está demitido! (2)
Dilbert: Preciso de férias! (3)
Dilbert: Trabalhando em casa! (4)
Dilbert: Odeio reuniões! (5)
Dilbert: Terapia em grupo (6)
Dilbert: Pedindo aumento (7)

Simon Tofield
Simon's Cat: as aventuras de um gato travesso e comilão (1)
Simon's Cat: as aventuras de um gato travesso e comilão (2)

Visconde da Casa Verde
Piadas para sempre (Livro 1)
Piadas para sempre (Livro 2)
Piadas para sempre (Livro 3)
Piadas para sempre (Livro 4)

Coleção **L&PM** POCKET (LANÇAMENTOS MAIS RECENTES)

186. **De repente acidentes** – Carl Solomon
187. **As minas de Salomão** – Rider Haggar
188. **Uivo** – Allen Ginsberg
189. **A ciclista solitária** – Conan Doyle
190. **Os seis bustos de Napoleão** – Conan Doyle
191. **Cortejo do divino** – Nelida Piñon
194. **Os crimes do amor** – Marquês de Sade
195. **Besame Mucho** – Mário Prata
196. **Tuareg** – Alberto Vázquez-Figueroa
197. **O longo adeus** – Raymond Chandler
199. **Notas de um velho safado** – Bukowski
200. **111 ais** – Dalton Trevisan
201. **O nariz** – Nicolai Gogol
202. **O capote** – Nicolai Gogol
203. **Macbeth** – William Shakespeare
204. **Heráclito** – Donaldo Schüler
205. **Você deve desistir, Osvaldo** – Cyro Martins
206. **Memórias de Garibaldi** – A. Dumas
207. **A arte da guerra** – Sun Tzu
208. **Fragmentos** – Caio Fernando Abreu
209. **Festa no castelo** – Moacyr Scliar
210. **O grande deflorador** – Dalton Trevisan
212. **Homem do príncipio ao fim** – Millôr Fernandes
213. **Aline e seus dois namorados (1)** – A. Iturrusgarai
214. **A juba do leão** – Sir Arthur Conan Doyle
215. **Assassino metido a esperto** – R. Chandler
216. **Confissões de um comedor de ópio** – Thomas De Quincey
217. **Os sofrimentos do jovem Werther** – Goethe
218. **Fedra** – Racine / Trad. Millôr Fernandes
219. **O vampiro de Sussex** – Conan Doyle
220. **Sonho de uma noite de verão** – Shakespeare
221. **Dias e noites de amor e de guerra** – Galeano
222. **O Profeta** – Khalil Gibran
223. **Flávia, cabeça, tronco e membros** – M. Fernandes
224. **Guia da ópera** – Jeanne Suhamy
225. **Macário** – Álvares de Azevedo
226. **Etiqueta na prática** – Celia Ribeiro
227. **Manifesto do partido comunista** – Marx & Engels
228. **Poemas** – Millôr Fernandes
229. **Um inimigo do povo** – Henrik Ibsen
230. **O paraíso destruído** – Frei B. de las Casas
231. **O gato no escuro** – Josué Guimarães
232. **O mágico de Oz** – L. Frank Baum
233. **Armas no Cyrano's** – Raymond Chandler
234. **Max e os felinos** – Moacyr Scliar
235. **Nos céus de Paris** – Alcy Cheuiche
236. **Os bandoleiros** – Schiller
237. **A primeira coisa que eu botei na boca** – Deonísio da Silva
238. **As aventuras de Simbad, o marujo**
239. **O retrato de Dorian Gray** – Oscar Wilde
240. **A carteira de meu tio** – J. Manuel de Macedo
241. **A luneta mágica** – J. Manuel de Macedo
242. **A metamorfose** – Kafka
243. **A flecha de ouro** – Joseph Conrad
244. **A ilha do tesouro** – R. L. Stevenson
245. **Marx - Vida & Obra** – José A. Giannotti
246. **Gênesis**
247. **Unidos para sempre** – Ruth Rendell
248. **A arte de amar** – Ovídio
249. **O sono eterno** – Raymond Chandler
250. **Novas receitas do Anonymus Gourmet** – J.A.P.M.
251. **A nova catacumba** – Arthur Conan Doyle
252. **Dr. Negro** – Arthur Conan Doyle
253. **Os voluntários** – Moacyr Scliar
254. **A bela adormecida** – Irmãos Grimm
255. **O príncipe sapo** – Irmãos Grimm
256. **Confissões *e* Memórias** – H. Heine
257. **Viva o Alegrete** – Sergio Faraco
258. **Vou estar esperando** – R. Chandler
259. **A senhora Beate e seu filho** – Schnitzler
260. **O ovo apunhalado** – Caio Fernando Abreu
261. **O ciclo das águas** – Moacyr Scliar
262. **Millôr Definitivo** – Millôr Fernandes
264. **Viagem ao centro da Terra** – Júlio Verne
265. **A dama do lago** – Raymond Chandler
266. **Caninos brancos** – Jack London
267. **O médico e o monstro** – R. L. Stevenson
268. **A tempestade** – William Shakespeare
269. **Assassinatos na rua Morgue** – E. Allan Poe
270. **99 corruíras nanicas** – Dalton Trevisan
271. **Broquéis** – Cruz e Sousa
272. **Mês de cães danados** – Moacyr Scliar
273. **Anarquistas – vol. 1 – A idéia** – G. Woodcock
274. **Anarquistas – vol. 2 – O movimento** – G. Woodcock
275. **Pai e filho, filho e pai** – Moacyr Scliar
276. **As aventuras de Tom Sawyer** – Mark Twain
277. **Muito barulho por nada** – W. Shakespeare
278. **Elogio da loucura** – Erasmo
279. **Autobiografia de Alice B. Toklas** – G. Stein
280. **O chamado da floresta** – J. London
281. **Uma agulha para o diabo** – Ruth Rendell
282. **Verdes vales do fim do mundo** – A. Bivar
283. **Ovelhas negras** – Caio Fernando Abreu
284. **O fantasma de Canterville** – O. Wilde
285. **Receitas de Yayá Ribeiro** – Celia Ribeiro
286. **A galinha degolada** – H. Quiroga
287. **O último adeus de Sherlock Holmes** – A. Conan Doyle
288. **A. Gourmet *em* Histórias de cama & mesa** – J. A. Pinheiro Machado
289. **Topless** – Martha Medeiros
290. **Mais receitas do Anonymus Gourmet** – J. A. Pinheiro Machado
291. **Origens do discurso democrático** – D. Schüler
292. **Humor politicamente incorreto** – Nani
293. **O teatro do bem e do mal** – E. Galeano
294. **Garibaldi & Manoela** – J. Guimarães
295. **10 dias que abalaram o mundo** – John Reed
296. **Numa fria** – Bukowski
297. **Poesia de Florbela Espanca** vol. 1
298. **Poesia de Florbela Espanca** vol. 2
299. **Escreva certo** – E. Oliveira e M. E. Bernd
300. **O vermelho e o negro** – Stendhal
301. **Ecce homo** – Friedrich Nietzsche
302. (7). **Comer bem, sem culpa** – Dr. Fernando Lucchese, A. Gourmet e Iotti

303. **O livro de Cesário Verde** – Cesário Verde
305. **100 receitas de macarrão** – S. Lancellotti
306. **160 receitas de molhos** – S. Lancellotti
307. **100 receitas light** – H. e Â. Tonetto
308. **100 receitas de sobremesas** – Celia Ribeiro
309. **Mais de 100 dicas de churrasco** – Leon Diziekaniak
310. **100 receitas de acompanhamentos** – C. Cabeda
311. **Honra ou vendetta** – S. Lancellotti
312. **A alma do homem sob o socialismo** – Oscar Wilde
313. **Tudo sobre Yôga** – Mestre De Rose
314. **Os varões assinalados** – Tabajara Ruas
315. **Édipo em Colono** – Sófocles
316. **Lisístrata** – Aristófanes / trad. Millôr
317. **Sonhos de Bunker Hill** – John Fante
318. **Os deuses de Raquel** – Moacyr Scliar
319. **O colosso de Marússia** – Henry Miller
320. **As eruditas** – Molière / trad. Millôr
321. **Radicci 1** – Iotti
322. **Os Sete contra Tebas** – Ésquilo
323. **Brasil Terra à vista** – Eduardo Bueno
324. **Radicci 2** – Iotti
325. **Júlio César** – William Shakespeare
326. **A carta de Pero Vaz de Caminha**
327. **Cozinha Clássica** – Sílvio Lancellotti
328. **Madame Bovary** – Gustave Flaubert
329. **Dicionário do viajante insólito** – M. Scliar
330. **O capitão saiu para o almoço...** – Bukowski
331. **A carta roubada** – Edgar Allan Poe
332. **É tarde para saber** – Josué Guimarães
333. **O livro de bolso da Astrologia** – Maggy Harrisonx e Mellina Li
334. **1933 foi um ano ruim** – John Fante
335. **100 receitas de arroz** – Aninha Comas
336. **Guia prático do Português correto – vol. 1** – Cláudio Moreno
337. **Bartleby, o escriturário** – H. Melville
338. **Enterrem meu coração na curva do rio** – Dee Brown
339. **Um conto de Natal** – Charles Dickens
340. **Cozinha sem segredos** – J. A. P. Machado
341. **A dama das Camélias** – A. Dumas Filho
342. **Alimentação saudável** – H. e Â. Tonetto
343. **Continhos galantes** – Dalton Trevisan
344. **A Divina Comédia** – Dante Alighieri
345. **A Dupla Sertanojo** – Santiago
346. **Cavalos do amanhecer** – Mario Arregui
347. **Biografia de Vincent van Gogh por sua cunhada** – Jo van Gogh-Bonger
348. **Radicci 3** – Iotti
349. **Nada de novo no front** – E. M. Remarque
350. **A hora dos assassinos** – Henry Miller
351. **Flush – Memórias de um cão** – Virginia Woolf
352. **A guerra no Bom Fim** – M. Scliar
353. (1).**O caso Saint-Fiacre** – Simenon
354. (2).**Morte na alta sociedade** – Simenon
355. (3).**O cão amarelo** – Simenon
356. (4).**Maigret e o homem do banco** – Simenon
357. **As uvas e o vento** – Pablo Neruda
358. **On the road** – Jack Kerouac
359. **O coração amarelo** – Pablo Neruda
360. **Livro das perguntas** – Pablo Neruda
361. **Noite de Reis** – William Shakespeare
362. **Manual de Ecologia** – vol.1 – J. Lutzenberger
363. **O mais longo dos dias** – Cornelius Ryan
364. **Foi bom prá você?** – Nani
365. **Crepusculário** – Pablo Neruda
366. **A comédia dos erros** – Shakespeare
367. (5).**A primeira investigação de Maigret** – Simenon
368. (6).**As férias de Maigret** – Simenon
369. **Mate-me por favor (vol.1)** – L. McNeil
370. **Mate-me por favor (vol.2)** – L. McNeil
371. **Carta ao pai** – Kafka
372. **Os vagabundos iluminados** – J. Kerouac
373. (7).**O enforcado** – Simenon
374. (8).**A fúria de Maigret** – Simenon
375. **Vargas, uma biografia política** – H. Silva
376. **Poesia reunida (vol.1)** – A. R. de Sant'Anna
377. **Poesia reunida (vol.2)** – A. R. de Sant'Anna
378. **Alice no país do espelho** – Lewis Carroll
379. **Residência na Terra 1** – Pablo Neruda
380. **Residência na Terra 2** – Pablo Neruda
381. **Terceira Residência** – Pablo Neruda
382. **O delírio amoroso** – Bocage
383. **Futebol ao sol e à sombra** – E. Galeano
384. (9).**O porto das brumas** – Simenon
385. (10).**Maigret e seu morto** – Simenon
386. **Radicci 4** – Iotti
387. **Boas maneiras & sucesso nos negócios** – Celia Ribeiro
388. **Uma história Farroupilha** – M. Scliar
389. **Na mesa ninguém envelhece** – J. A. Pinheiro Machado
390. **200 receitas inéditas do Anonymus Gourmet** – J. A. Pinheiro Machado
391. **Guia prático do Português correto – vol.2** – Cláudio Moreno
392. **Breviário das terras do Brasil** – Assis Brasil
393. **Cantos Cerimoniais** – Pablo Neruda
394. **Jardim de Inverno** – Pablo Neruda
395. **Antonio e Cleópatra** – William Shakespeare
396. **Tróia** – Cláudio Moreno
397. **Meu tio matou um cara** – Jorge Furtado
398. **O anatomista** – Federico Andahazi
399. **As viagens de Gulliver** – Jonathan Swift
400. **Dom Quixote** – (v. 1) – Miguel de Cervantes
401. **Dom Quixote** – (v. 2) – Miguel de Cervantes
402. **Sozinho no Pólo Norte** – Thomaz Brandolin
403. **Matadouro 5** – Kurt Vonnegut
404. **Delta de Vênus** – Anaïs Nin
405. **O melhor de Hagar 2** – Dik Browne
406. **É grave Doutor?** – Nani
407. **Orai pornô** – Nani
408. (11).**Maigret em Nova York** – Simenon
409. (12).**O assassino sem rosto** – Simenon
410. (13).**O mistério das jóias roubadas** – Simenon
411. **A irmãzinha** – Raymond Chandler
412. **Três contos** – Gustave Flaubert
413. **De ratos e homens** – John Steinbeck
414. **Lazarilho de Tormes** – Anônimo do séc. XVI
415. **Triângulo das águas** – Caio Fernando Abreu
416. **100 receitas de carnes** – Sílvio Lancellotti

417. **Histórias de robôs:** vol. 1 – org. Isaac Asimov
418. **Histórias de robôs:** vol. 2 – org. Isaac Asimov
419. **Histórias de robôs:** vol. 3 – org. Isaac Asimov
420. **O país dos centauros** – Tabajara Ruas
421. **A república de Anita** – Tabajara Ruas
422. **A carga dos lanceiros** – Tabajara Ruas
423. **Um amigo de Kafka** – Isaac Singer
424. **As alegres matronas de Windsor** – Shakespeare
425. **Amor e exílio** – Isaac Bashevis Singer
426. **Use & abuse do seu signo** – Marília Fiorillo e Marylou Simonsen
427. **Pigmaleão** – Bernard Shaw
428. **As fenícias** – Eurípides
429. **Everest** – Thomaz Brandolin
430. **A arte de furtar** – Anônimo do séc. XVI
431. **Billy Bud** – Herman Melville
432. **A rosa separada** – Pablo Neruda
433. **Elegia** – Pablo Neruda
434. **A garota de Cassidy** – David Goodis
435. **Como fazer a guerra: máximas de Napoleão** – Balzac
436. **Poemas escolhidos** – Emily Dickinson
437. **Gracias por el fuego** – Mario Benedetti
438. **O sofá** – Crébillon Fils
439. **O "Martín Fierro"** – Jorge Luis Borges
440. **Trabalhos de amor perdidos** – W. Shakespeare
441. **O melhor de Hagar 3** – Dik Browne
442. **Os Maias (volume1)** – Eça de Queiroz
443. **Os Maias (volume2)** – Eça de Queiroz
444. **Anti-Justine** – Restif de La Bretonne
445. **Juventude** – Joseph Conrad
446. **Contos** – Eça de Queiroz
447. **Janela para a morte** – Raymond Chandler
448. **Um amor de Swann** – Marcel Proust
449. **À paz perpétua** – Immanuel Kant
450. **A conquista do México** – Hernan Cortez
451. **Defeitos escolhidos e 2000** – Pablo Neruda
452. **O casamento do céu e do inferno** – William Blake
453. **A primeira viagem ao redor do mundo** – Antonio Pigafetta
454. (14). **Uma sombra na janela** – Simenon
455. (15). **A noite da encruzilhada** – Simenon
456. (16). **A velha senhora** – Simenon
457. **Sartre** – Annie Cohen-Solal
458. **Discurso do método** – René Descartes
459. **Garfield em grande forma (1)** – Jim Davis
460. **Garfield está de dieta** (2) – Jim Davis
461. **O livro das feras** – Patricia Highsmith
462. **Viajante solitário** – Jack Kerouac
463. **Auto da barca do inferno** – Gil Vicente
464. **O livro vermelho dos pensamentos de Millôr** – Millôr Fernandes
465. **O livro dos abraços** – Eduardo Galeano
466. **Voltaremos!** – José Antonio Pinheiro Machado
467. **Rango** – Edgar Vasques
468. (8). **Dieta mediterrânea** – Dr. Fernando Lucchese e José Antonio Pinheiro Machado
469. **Radicci 5** – Iotti
470. **Pequenos pássaros** – Anaïs Nin
471. **Guia prático do Português correto – vol.3** – Cláudio Moreno
472. **Atire no pianista** – David Goodis
473. **Antologia Poética** – García Lorca
474. **Alexandre e César** – Plutarco
475. **Uma espiã na casa do amor** – Anaïs Nin
476. **A gorda do Tiki Bar** – Dalton Trevisan
477. **Garfield um gato de peso (3)** – Jim Davis
478. **Canibais** – David Coimbra
479. **A arte de escrever** – Arthur Schopenhauer
480. **Pinóquio** – Carlo Collodi
481. **Misto-quente** – Bukowski
482. **A lua na sarjeta** – David Goodis
483. **O melhor do Recruta Zero (1)** – Mort Walker
484. **Aline: TPM – tensão pré-monstrual (2)** – Adão Iturrusgarai
485. **Sermões do Padre Antonio Vieira**
486. **Garfield numa boa (4)** – Jim Davis
487. **Mensagem** – Fernando Pessoa
488. **Vendeta** seguido de **A paz conjugal** – Balzac
489. **Poemas de Alberto Caeiro** – Fernando Pessoa
490. **Ferragus** – Honoré de Balzac
491. **A duquesa de Langeais** – Honoré de Balzac
492. **A menina dos olhos de ouro** – Honoré de Balzac
493. **O lírio do vale** – Honoré de Balzac
494. (17). **A barcaça da morte** – Simenon
495. (18). **As testemunhas rebeldes** – Simenon
496. (19). **Um engano de Maigret** – Simenon
497. (1). **A noite das bruxas** – Agatha Christie
498. (2). **Um passe de mágica** – Agatha Christie
499. (3). **Nêmesis** – Agatha Christie
500. **Esboço para uma teoria das emoções** – Sartre
501. **Renda básica de cidadania** – Eduardo Suplicy
502. (1). **Pílulas para viver melhor** – Dr. Lucchese
503. (2). **Pílulas para prolongar a juventude** – Dr. Lucchese
504. (3). **Desembarcando o diabetes** – Dr. Lucchese
505. (4). **Desembarcando o sedentarismo** – Dr. Fernando Lucchese e Cláudio Castro
506. (5). **Desembarcando a hipertensão** – Dr. Lucchese
507. (6). **Desembarcando o colesterol** – Dr. Fernando Lucchese e Fernanda Lucchese
508. **Estudos de mulher** – Balzac
509. **O terceiro tira** – Flann O'Brien
510. **100 receitas de aves e ovos** – J. A. P. Machado
511. **Garfield em toneladas de diversão (5)** – Jim Davis
512. **Trem-bala** – Martha Medeiros
513. **Os cães ladram** – Truman Capote
514. **O Kama Sutra de Vatsyayana**
515. **O crime do Padre Amaro** – Eça de Queiroz
516. **Odes de Ricardo Reis** – Fernando Pessoa
517. **O inverno da nossa desesperança** – Steinbeck
518. **Piratas do Tietê (1)** – Laerte
519. **Rê Bordosa: do começo ao fim** – Angeli
520. **O Harlem é escuro** – Chester Himes
521. **Café-da-manhã dos campeões** – Kurt Vonnegut
522. **Eugénie Grandet** – Balzac
523. **O último magnata** – F. Scott Fitzgerald
524. **Carol** – Patricia Highsmith
525. **100 receitas de patisserie** – Sílvio Lancellotti
526. **O fator humano** – Graham Greene
527. **Tristessa** – Jack Kerouac

528. O diamante do tamanho do Ritz – Scott Fitzgerald
529. As melhores histórias de Sherlock Holmes – Arthur Conan Doyle
530. Cartas a um jovem poeta – Rilke
531(20). Memórias de Maigret – Simenon
532(4). O misterioso sr. Quin – Agatha Christie
533. Os analectos – Confúcio
534(21). Maigret e os homens de bem – Simenon
535(22). O medo de Maigret – Simenon
536. Ascensão e queda de César Birotteau – Balzac
537. Sexta-feira negra – David Goodis
538. Ora bolas – O humor de Mario Quintana – Juarez Fonseca
539. Longe daqui mesmo – Antonio Bivar
540(5). É fácil matar – Agatha Christie
541. O pai Goriot – Balzac
542. Brasil, um país do futuro – Stefan Zweig
543. O processo – Kafka
544. O melhor de Hagar 4 – Dik Browne
545(6). Por que não pediram a Evans? – Agatha Christie
546. Fanny Hill – John Cleland
547. O gato por dentro – William S. Burroughs
548. Sobre a brevidade da vida – Sêneca
549. Geraldão (1) – Glauco
550. Piratas do Tietê (2) – Laerte
551. Pagando o pato – Ciça
552. Garfield de bom humor (6) – Jim Davis
553. Conhece o Mário? vol.1 – Santiago
554. Radicci 6 – Iotti
555. Os subterrâneos – Jack Kerouac
556(1). Balzac – François Taillandier
557(2). Modigliani – Christian Parisot
558(3). Kafka – Gérard-Georges Lemaire
559(4). Júlio César – Joël Schmidt
560. Receitas da família – J. A. Pinheiro Machado
561. Boas maneiras à mesa – Celia Ribeiro
562(9). Filhos perfeitos, pais felizes – R. Pagnoncelli
563(10). Fatos & mitos – Dr. Fernando Lucchese
564. Ménage à trois – Paula Taitelbaum
565. Mulheres! – David Coimbra
566. Poemas de Álvaro de Campos – Fernando Pessoa
567. Medo e outras histórias – Stefan Zweig
568. Snoopy e sua turma (1) – Schulz
569. Piadas para sempre (1) – Visconde da Casa Verde
570. O alvo móvel – Ross Macdonald
571. O melhor do Recruta Zero (2) – Mort Walker
572. Um sonho americano – Norman Mailer
573. Os broncos também amam – Angeli
574. Crônica de um amor louco – Bukowski
575(5). Freud – René Major e Chantal Talagrand
576(6). Picasso – Gilles Plazy
577(7). Gandhi – Christine Jordis
578. A tumba – H. P. Lovecraft
579. O príncipe e o mendigo – Mark Twain
580. Garfield, um charme de gato (7) – Jim Davis
581. Ilusões perdidas – Balzac
582. Esplendores e misérias das cortesãs – Balzac
583. Walter Ego – Angeli
584. Striptiras (1) – Laerte
585. Fagundes: um puxa-saco de mão cheia – Laerte
586. Depois do último trem – Josué Guimarães
587. Ricardo III – Shakespeare
588. Dona Anja – Josué Guimarães
589. 24 horas na vida de uma mulher – Stefan Zweig
590. O terceiro homem – Graham Greene
591. Mulher no escuro – Dashiell Hammett
592. No que acredito – Bertrand Russell
593. Odisséia (1): Telemaquia – Homero
594. O cavalo cego – Josué Guimarães
595. Henrique V – Shakespeare
596. Fabulário geral do delírio cotidiano – Bukowski
597. Tiros na noite 1: A mulher do bandido – Dashiell Hammett
598. Snoopy em Feliz Dia dos Namorados! (2) – Schulz
599. Mas não se matam cavalos? – Horace McCoy
600. Crime e castigo – Dostoiévski
601(7). Mistério no Caribe – Agatha Christie
602. Odisséia (2): Regresso – Homero
603. Piadas para sempre (2) – Visconde da Casa Verde
604. À sombra do vulcão – Malcolm Lowry
605(8). Kerouac – Yves Buin
606. E agora são cinzas – Angeli
607. As mil e uma noites – Paulo Caruso
608. Um assassino entre nós – Ruth Rendell
609. Crack-up – F. Scott Fitzgerald
610. Do amor – Stendhal
611. Cartas do Yage – William Burroughs e Allen Ginsberg
612. Striptiras (2) – Laerte
613. Henry & June – Anaïs Nin
614. A piscina mortal – Ross Macdonald
615. Geraldão (2) – Glauco
616. Tempo de delicadeza – A. R. de Sant'Anna
617. Tiros na noite 2: Medo de tiro – Dashiell Hammett
618. Snoopy em Assim é a vida, Charlie Brown! (3) – Schulz
619. 1954 – Um tiro no coração – Hélio Silva
620. Sobre a inspiração poética (Íon) e ... – Platão
621. Garfield e seus amigos (8) – Jim Davis
622. Odisséia (3): Ítaca – Homero
623. A louca matança – Chester Himes
624. Factótum – Bukowski
625. Guerra e Paz: volume 1 – Tolstói
626. Guerra e Paz: volume 2 – Tolstói
627. Guerra e Paz: volume 3 – Tolstói
628. Guerra e Paz: volume 4 – Tolstói
629(9). Shakespeare – Claude Mourthé
630. Bem está o que bem acaba – Shakespeare
631. O contrato social – Rousseau
632. Geração Beat – Jack Kerouac
633. Snoopy: É Natal! (4) – Charles Schulz
634(8). Testemunha da acusação – Agatha Christie
635. Um elefante no caos – Millôr Fernandes
636. Guia de leitura (100 autores que você precisa ler) – Organização de Léa Masina

637. **Pistoleiros também mandam flores** – David Coimbra
638. **O prazer das palavras** – vol. 1 – Cláudio Moreno
639. **O prazer das palavras** – vol. 2 – Cláudio Moreno
640. **Novíssimo testamento: com Deus e o diabo, a dupla da criação** – Iotti
641. **Literatura Brasileira: modos de usar** – Luís Augusto Fischer
642. **Dicionário de Porto-Alegrês** – Luís A. Fischer
643. **Clô Dias & Noites** – Sérgio Jockymann
644. **Memorial de Isla Negra** – Pablo Neruda
645. **Um homem extraordinário e outras histórias** – Tchékhov
646. **Ana sem terra** – Alcy Cheuiche
647. **Adultérios** – Woody Allen
648. **Para sempre ou nunca mais** – R. Chandler
649. **Nosso homem em Havana** – Graham Greene
650. **Dicionário Caldas Aulete de Bolso**
651. **Snoopy: Posso fazer uma pergunta, professora? (5)** – Charles Schulz
652.(10).**Luís XVI** – Bernard Vincent
653. **O mercador de Veneza** – Shakespeare
654. **Cancioneiro** – Fernando Pessoa
655. **Non-Stop** – Martha Medeiros
656. **Carpinteiros, levantem bem alto a cumeeira & Seymour, uma apresentação** – J.D.Salinger
657. **Ensaios céticos** – Bertrand Russell
658. **O melhor de Hagar 5** – Dik e Chris Browne
659. **Primeiro amor** – Ivan Turguêniev
660. **A trégua** – Mario Benedetti
661. **Um parque de diversões da cabeça** – Lawrence Ferlinghetti
662. **Aprendendo a viver** – Sêneca
663. **Garfield, um gato em apuros (9)** – Jim Davis
664. **Dilbert 1** – Scott Adams
665. **Dicionário de dificuldades** – Domingos Paschoal Cegalla
666. **A imaginação** – Jean-Paul Sartre
667. **O ladrão e os cães** – Naguib Mahfuz
668. **Gramática do português contemporâneo** – Celso Cunha
669. **A volta do parafuso** seguido de **Daisy Miller** – Henry James
670. **Notas do subsolo** – Dostoiévski
671. **Abobrinhas da Brasilônia** – Glauco
672. **Geraldão (3)** – Glauco
673. **Piadas para sempre (3)** – Visconde da Casa Verde
674. **Duas viagens ao Brasil** – Hans Staden
675. **Bandeira de bolso** – Manuel Bandeira
676. **A arte da guerra** – Maquiavel
677. **Além do bem e do mal** – Nietzsche
678. **O coronel Chabert** seguido de **A mulher abandonada** – Balzac
679. **O sorriso de marfim** – Ross Macdonald
680. **100 receitas de pescados** – Sílvio Lancellotti
681. **O juiz e seu carrasco** – Friedrich Dürrenmatt
682. **Noites brancas** – Dostoiévski
683. **Quadras ao gosto popular** – Fernando Pessoa
684. **Romanceiro da Inconfidência** – Cecília Meireles
685. **Kaos** – Millôr Fernandes
686. **A pele de onagro** – Balzac
687. **As ligações perigosas** – Choderlos de Laclos
688. **Dicionário de matemática** – Luiz Fernandes Cardoso
689. **Os Lusíadas** – Luís Vaz de Camões
690.(11).**Átila** – Éric Deschodt
691. **Um jeito tranqüilo de matar** – Chester Himes
692. **A felicidade conjugal** seguido de **O diabo** – Tolstói
693. **Viagem de um naturalista ao redor do mundo** – vol. 1 – Charles Darwin
694. **Viagem de um naturalista ao redor do mundo** – vol. 2 – Charles Darwin
695. **Memórias da casa dos mortos** – Dostoiévski
696. **A Celestina** – Fernando de Rojas
697. **Snoopy: Como você é azarado, Charlie Brown! (6)** – Charles Schulz
698. **Dez (quase) amores** – Claudia Tajes
699.(9).**Poirot sempre espera** – Agatha Christie
700. **Cecília de bolso** – Cecília Meireles
701. **Apologia de Sócrates** precedido de **Êutifron** e seguido de **Críton** – Platão
702. **Wood & Stock** – Angeli
703. **Striptiras (3)** – Laerte
704. **Discurso sobre a origem e os fundamentos da desigualdade entre os homens** – Rousseau
705. **Os duelistas** – Joseph Conrad
706. **Dilbert (2)** – Scott Adams
707. **Viver e escrever** (vol. 1) – Edla van Steen
708. **Viver e escrever** (vol. 2) – Edla van Steen
709. **Viver e escrever** (vol. 3) – Edla van Steen
710.(10).**A teia da aranha** – Agatha Christie
711. **O banquete** – Platão
712. **Os belos e malditos** – F. Scott Fitzgerald
713. **Libelo contra a arte moderna** – Salvador Dalí
714. **Akropolis** – Valerio Massimo Manfredi
715. **Devoradores de mortos** – Michael Crichton
716. **Sob o sol da Toscana** – Frances Mayes
717. **Batom na cueca** – Nani
718. **Vida dura** – Claudia Tajes
719. **Carne trêmula** – Ruth Rendell
720. **Cris, a fera** – David Coimbra
721. **O anticristo** – Nietzsche
722. **Como um romance** – Daniel Pennac
723. **Emboscada no Forte Bragg** – Tom Wolfe
724. **Assédio sexual** – Michael Crichton
725. **O espírito do Zen** – Alan W.Watts
726. **Um bonde chamado desejo** – Tennessee Williams
727. **Como gostais** seguido de **Conto de inverno** – Shakespeare
728. **Tratado sobre a tolerância** – Voltaire
729. **Snoopy: Doces ou travessuras? (7)** – Charles Schulz
730. **Cardápios do Anonymus Gourmet** – J.A. Pinheiro Machado
731. **100 receitas com lata** – J.A. Pinheiro Machado
732. **Conhece o Mário?** vol.2 – Santiago
733. **Dilbert (3)** – Scott Adams
734. **História de um louco amor** seguido de **Passado amor** – Horacio Quiroga
735.(11).**Sexo: muito prazer** – Laura Meyer da Silva
736.(12).**Para entender o adolescente** – Dr. Ronald Pagnoncelli

737(13).**Desembarcando a tristeza** – Dr. Fernando Lucchese
738.**Poirot e o mistério da arca espanhola & outras histórias** – Agatha Christie
739.**A última legião** – Valerio Massimo Manfredi
740.**As virgens suicidas** – Jeffrey Eugenides
741.**Sol nascente** – Michael Crichton
742.**Duzentos ladrões** – Dalton Trevisan
743.**Os devaneios do caminhante solitário** – Rousseau
744.**Garfield, o rei da preguiça (10)** – Jim Davis
745.**Os magnatas** – Charles R. Morris
746.**Pulp** – Charles Bukowski
747.**Enquanto agonizo** – William Faulkner
748.**Aline: viciada em sexo (3)** – Adão Iturrusgarai
749.**A dama do cachorrinho** – Anton Tchékhov
750.**Tito Andrônico** – Shakespeare
751.**Antologia poética** – Anna Akhmátova
752.**O melhor de Hagar 6** – Dik e Chris Browne
753(12).**Michelangelo** – Nadine Sautel
754.**Dilbert (4)** – Scott Adams
755.**O jardim das cerejeiras** *seguido de* **Tio Vânia** – Tchékhov
756.**Geração Beat** – Claudio Willer
757.**Santos Dumont** – Alcy Cheuiche
758.**Budismo** – Claude B. Levenson
759.**Cleópatra** – Christian-Georges Schwentzel
760.**Revolução Francesa** – Frédéric Bluche, Stéphane Rials e Jean Tulard
761.**A crise de 1929** – Bernard Gazier
762.**Sigmund Freud** – Edson Sousa e Paulo Endo
763.**Império Romano** – Patrick Le Roux
764.**Cruzadas** – Cécile Morrisson
765.**O mistério do Trem Azul** – Agatha Christie
766.**Os escrúpulos de Maigret** – Simenon
767.**Maigret se diverte** – Simenon
768.**Senso comum** – Thomas Paine
769.**O parque dos dinossauros** – Michael Crichton
770.**Trilogia da paixão** – Goethe
771.**A simples arte de matar** (vol.1) – R. Chandler
772.**A simples arte de matar** (vol.2) – R. Chandler
773.**Snoopy: No mundo da lua! (8)** – Charles Schulz
774.**Os Quatro Grandes** – Agatha Christie
775.**Um brinde de cianureto** – Agatha Christie
776.**Súplicas atendidas** – Truman Capote
777.**Ainda restam aveleiras** – Simenon
778.**Maigret e o ladrão preguiçoso** – Simenon
779.**A viúva imortal** – Millôr Fernandes
780.**Cabala** – Roland Goetschel
781.**Capitalismo** – Claude Jessua
782.**Mitologia grega** – Pierre Grimal
783.**Economia: 100 palavras-chave** – Jean-Paul Betbèze
784.**Marxismo** – Henri Lefebvre
785.**Punição para a inocência** – Agatha Christie
786.**A extravagância do morto** – Agatha Christie
787(13).**Cézanne** – Bernard Fauconnier
788.**A identidade Bourne** – Robert Ludlum
789.**Da tranquilidade da alma** – Sêneca
790.**Um artista da fome** *seguido de* **Na colônia penal e outras histórias** – Kafka
791.**Histórias de fantasmas** – Charles Dickens
792.**A louca de Maigret** – Simenon
793.**O amigo de infância de Maigret** – Simenon
794.**O revólver de Maigret** – Simenon
795.**A fuga do sr. Monde** – Simenon
796.**O Uraguai** – Basílio da Gama
797.**A mão misteriosa** – Agatha Christie
798.**Testemunha ocular do crime** – Agatha Christie
799.**Crepúsculo dos ídolos** – Friedrich Nietzsche
800.**Maigret e o negociante de vinhos** – Simenon
801.**Maigret e o mendigo** – Simenon
802.**O grande golpe** – Dashiell Hammett
803.**Humor barra pesada** – Nani
804.**Vinho** – Jean-François Gautier
805.**Egito Antigo** – Sophie Desplancques
806(14).**Baudelaire** – Jean-Baptiste Baronian
807.**Caminho da sabedoria, caminho da paz** – Dalai Lama e Felizitas von Schönborn
808.**Senhor e servo e outras histórias** – Tolstói
809.**Os cadernos de Malte Laurids Brigge** – Rilke
810.**Dilbert (5)** – Scott Adams
811.**Big Sur** – Jack Kerouac
812.**Seguindo a correnteza** – Agatha Christie
813.**O álibi** – Sandra Brown
814.**Montanha-russa** – Martha Medeiros
815.**Coisas da vida** – Martha Medeiros
816.**A cantada infalível** *seguido de* **A mulher do centroavante** – David Coimbra
817.**Maigret e os crimes do cais** – Simenon
818.**Sinal vermelho** – Simenon
819.**Snoopy: Pausa para a soneca (9)** – Charles Schulz
820.**De pernas pro ar** – Eduardo Galeano
821.**Tragédias gregas** – Pascal Thiercy
822.**Existencialismo** – Jacques Colette
823.**Nietzsche** – Jean Granier
824.**Amar ou depender?** – Walter Riso
825.**Darmapada: A doutrina budista em versos**
826.**J'Accuse...!** – **a verdade em marcha** – Zola
827.**Os crimes ABC** – Agatha Christie
828.**Um gato entre os pombos** – Agatha Christie
829.**Maigret e o sumiço do sr. Charles** – Simenon
830.**Maigret e a morte do jogador** – Simenon
831.**Dicionário de teatro** – Luiz Paulo Vasconcellos
832.**Cartas extraviadas** – Martha Medeiros
833.**A longa viagem de prazer** – J. J. Morosoli
834.**Receitas fáceis** – J. A. Pinheiro Machado
835(14).**Mais fatos & mitos** – Dr. Fernando Lucchese
836.(15).**Boa viagem!** – Dr. Fernando Lucchese
837.**Aline: Finalmente nua!!! (4)** – Adão Iturrusgarai
838.**Mônica tem uma novidade!** – Mauricio de Sousa
839.**Cebolinha em apuros!** – Mauricio de Sousa
840.**Sócios no crime** – Agatha Christie
841.**Bocas do tempo** – Eduardo Galeano
842.**Orgulho e preconceito** – Jane Austen
843.**Impressionismo** – Dominique Lobstein
844.**Escrita chinesa** – Viviane Alleton
845.**Paris: uma história** – Yvan Combeau
846(15).**Van Gogh** – David Haziot
847.**Maigret e o corpo sem cabeça** – Simenon
848.**Portal do destino** – Agatha Christie
849.**O futuro de uma ilusão** – Freud
850.**O mal-estar na cultura** – Freud

851. **Maigret e o matador** – Simenon
852. **Maigret e o fantasma** – Simenon
853. **Um crime adormecido** – Agatha Christie
854. **Satori em Paris** – Jack Kerouac
855. **Medo e delírio em Las Vegas** – Hunter Thompson
856. **Um negócio fracassado e outros contos de humor** – Tchékhov
857. **Mônica está de férias!** – Mauricio de Sousa
858. **De quem é esse coelho?** – Mauricio de Sousa
859. **O burgomestre de Furnes** – Simenon
860. **O mistério Sittaford** – Agatha Christie
861. **Manhã transfigurada** – Luiz Antonio de Assis Brasil
862. **Alexandre, o Grande** – Pierre Briant
863. **Jesus** – Charles Perrot
864. **Islã** – Paul Balta
865. **Guerra da Secessão** – Farid Ameur
866. **Um rio que vem da Grécia** – Cláudio Moreno
867. **Maigret e os colegas americanos** – Simenon
868. **Assassinato na casa do pastor** – Agatha Christie
869. **Manual do líder** – Napoleão Bonaparte
870.(16). **Billie Holiday** – Sylvia Fol
871. **Bidu arrasando!** – Mauricio de Sousa
872. **Desventuras em família** – Mauricio de Sousa
873. **Liberty Bar** – Simenon
874. **E no final a morte** – Agatha Christie
875. **Guia prático do Português correto – vol. 4** – Cláudio Moreno
876. **Dilbert (6)** – Scott Adams
877.(17). **Leonardo da Vinci** – Sophie Chauveau
878. **Bella Toscana** – Frances Mayes
879. **A arte da ficção** – David Lodge
880. **Striptiras (4)** – Laerte
881. **Skrotinhos** – Angeli
882. **Depois do funeral** – Agatha Christie
883. **Radicci 7** – Iotti
884. **Walden** – H. D. Thoreau
885. **Lincoln** – Allen C. Guelzo
886. **Primeira Guerra Mundial** – Michael Howard
887. **A linha de sombra** – Joseph Conrad
888. **O amor é um cão dos diabos** – Bukowski
889. **Maigret sai em viagem** – Simenon
890. **Despertar: uma vida de Buda** – Jack Kerouac
891.(18). **Albert Einstein** – Laurent Seksik
892. **Hell's Angels** – Hunter Thompson
893. **Ausência na primavera** – Agatha Christie
894. **Dilbert (7)** – Scott Adams
895. **Ao sul de lugar nenhum** – Bukowski
896. **Maquiavel** – Quentin Skinner
897. **Sócrates** – C.C.W. Taylor
898. **A casa do canal** – Simenon
899. **O Natal de Poirot** – Agatha Christie
900. **As veias abertas da América Latina** – Eduardo Galeano
901. **Snoopy: Sempre alerta! (10)** – Charles Schulz
902. **Chico Bento: Plantando confusão** – Mauricio de Sousa
903. **Penadinho: Quem é morto sempre aparece** – Mauricio de Sousa
904. **A vida sexual da mulher feia** – Claudia Tajes
905. **100 segredos de liquidificador** – José Antonio Pinheiro Machado
906. **Sexo muito prazer 2** – Laura Meyer da Silva
907. **Os nascimentos** – Eduardo Galeano
908. **As caras e as máscaras** – Eduardo Galeano
909. **O século do vento** – Eduardo Galeano
910. **Poirot perde uma cliente** – Agatha Christie
911. **Cérebro** – Michael O'Shea
912. **O escaravelho de ouro e outras histórias** – Edgar Allan Poe
913. **Piadas para sempre (4)** – Visconde da Casa Verde
914. **100 receitas de massas light** – Helena Tonetto
915.(19). **Oscar Wilde** – Daniel Salvatore Schiffer
916. **Uma breve história do mundo** – H. G. Wells
917. **A Casa do Penhasco** – Agatha Christie
918. **Maigret e o finado sr. Gallet** – Simenon
919. **John M. Keynes** – Bernard Gazier
920.(20). **Virginia Woolf** – Alexandra Lemasson
921. **Peter e Wendy seguido de Peter Pan em Kensington Gardens** – J. M. Barrie
922. **Aline: numas de colegial (5)** – Adão Iturrusgarai
923. **Uma dose mortal** – Agatha Christie
924. **Os trabalhos de Hércules** – Agatha Christie
925. **Maigret na escola** – Simenon
926. **Kant** – Roger Scruton
927. **A inocência do Padre Brown** – G.K. Chesterton
928. **Casa Velha** – Machado de Assis
929. **Marcas de nascença** – Nancy Huston
930. **Aulete de bolso**
931. **Hora Zero** – Agatha Christie
932. **Morte na Mesopotâmia** – Agatha Christie
933. **Um crime na Holanda** – Simenon
934. **Nem te conto, João** – Dalton Trevisan
935. **As aventuras de Huckleberry Finn** – Mark Twain
936.(21). **Marilyn Monroe** – Anne Plantagenet
937. **China moderna** – Rana Mitter
938. **Dinossauros** – David Norman
939. **Louca por homem** – Claudia Tajes
940. **Amores de alto risco** – Walter Riso
941. **Jogo de damas** – David Coimbra
942. **Filha é filha** – Agatha Christie
943. **M ou N?** – Agatha Christie
944. **Maigret se defende** – Simenon
945. **Bidu: diversão em dobro!** – Mauricio de Sousa
946. **Fogo** – Anaïs Nin
947. **Rum: diário de um jornalista bêbado** – Hunter Thompson
948. **Persuasão** – Jane Austen
949. **Lágrimas na chuva** – Sergio Faraco
950. **Mulheres** – Bukowski
951. **Um pressentimento funesto** – Agatha Christie
952. **Cartas na mesa** – Agatha Christie
953. **Maigret em Vichy** – Simenon
954. **O lobo do mar** – Jack London
955. **Os gatos** – Patricia Highsmith
956.(22). **Jesus** – Christiane Rancé
957. **História da medicina** – William Bynum
958. **O Morro dos Ventos Uivantes** – Emily Brontë
959. **A filosofia na era trágica dos gregos** – Nietzsche
960. **Os treze problemas** – Agatha Christie
961. **A massagista japonesa** – Moacyr Scliar
962. **A taberna dos dois tostões** – Simenon

963. **Humor do miserê** – Nani
964. **Todo o mundo tem dúvida, inclusive você** – Édison Oliveira
965. **A dama do Bar Nevada** – Sergio Faraco
966. **O Smurf Repórter** – Peyo
967. **O Bebê Smurf** – Peyo
968. **Maigret e os flamengos** – Simenon
969. **O psicopata americano** – Bret Easton Ellis
970. **Ensaios de amor** – Alain de Botton
971. **O grande Gatsby** – F. Scott Fitzgerald
972. **Por que não sou cristão** – Bertrand Russell
973. **A Casa Torta** – Agatha Christie
974. **Encontro com a morte** – Agatha Christie
975. (23).**Rimbaud** – Jean-Baptiste Baronian
976. **Cartas na rua** – Bukowski
977. **Memória** – Jonathan K. Foster
978. **A abadia de Northanger** – Jane Austen
979. **As pernas de Úrsula** – Claudia Tajes
980. **Retrato inacabado** – Agatha Christie
981. **Solanin (1)** – Inio Asano
982. **Solanin (2)** – Inio Asano
983. **Aventuras de menino** – Mitsuru Adachi
984. (16).**Fatos & mitos sobre sua alimentação** – Dr. Fernando Lucchese
985. **Teoria quântica** – John Polkinghorne
986. **O eterno marido** – Fiódor Dostoiévski
987. **Um safado em Dublin** – J. P. Donleavy
988. **Mirinha** – Dalton Trevisan
989. **Akhenaton e Nefertiti** – Carmen Seganfredo e A. S. Franchini
990. **On the Road – o manuscrito original** – Jack Kerouac
991. **Relatividade** – Russell Stannard
992. **Abaixo de zero** – Bret Easton Ellis
993. (24).**Andy Warhol** – Mériam Korichi
994. **Maigret** – Simenon
995. **Os últimos casos de Miss Marple** – Agatha Christie
996. **Nico Demo** – Mauricio de Sousa
997. **Maigret e a mulher do ladrão** – Simenon
998. **Rousseau** – Robert Wokler
999. **Noite sem fim** – Agatha Christie
1000. **Diários de Andy Warhol (1)** – Editado por Pat Hackett
1001. **Diários de Andy Warhol (2)** – Editado por Pat Hackett
1002. **Cartier-Bresson: o olhar do século** – Pierre Assouline
1003. **As melhores histórias da mitologia: vol. 1** – A.S. Franchini e Carmen Seganfredo
1004. **As melhores histórias da mitologia: vol. 2** – A.S. Franchini e Carmen Seganfredo
1005. **Assassinato no beco** – Agatha Christie
1006. **Convite para um homicídio** – Agatha Christie
1007. **Um fracasso de Maigret** – Simenon
1008. **História da vida** – Michael J. Benton
1009. **Jung** – Anthony Stevens
1010. **Arsène Lupin, ladrão de casaca** – Maurice Leblanc
1011. **Dublinenses** – James Joyce
1012. **120 tirinhas da Turma da Mônica** – Mauricio de Sousa
1013. **Antologia poética** – Fernando Pessoa
1014. **A aventura de um cliente ilustre** *seguido de* **O último adeus de Sherlock Holmes** – Sir Arthur Conan Doyle
1015. **Cenas de Nova York** – Jack Kerouac
1016. **A corista** – Anton Tchékhov
1017. **O diabo** – Leon Tolstói
1018. **Fábulas chinesas** – Sérgio Capparelli e Márcia Schmaltz
1019. **O gato do Brasil** – Sir Arthur Conan Doyle
1020. **Missa do Galo** – Machado de Assis
1021. **O mistério de Marie Rogêt** – Edgar Allan Poe
1022. **A mulher mais linda da cidade** – Bukowski
1023. **O retrato** – Nicolai Gogol
1024. **O conflito** – Agatha Christie
1025. **Os primeiros casos de Poirot** – Agatha Christie
1026. **Maigret e o cliente de sábado** – Simenon
1027. (25).**Beethoven** – Bernard Fauconnier
1028. **Platão** – Julia Annas
1029. **Cleo e Daniel** – Roberto Freire
1030. **Til** – José de Alencar
1031. **Viagens na minha terra** – Almeida Garrett
1032. **Profissões para mulheres e outros artigos feministas** – Virginia Woolf
1033. **Mrs. Dalloway** – Virginia Woolf
1034. **O cão da morte** – Agatha Christie
1035. **Tragédia em três atos** – Agatha Christie
1036. **Maigret hesita** – Simenon
1037. **O fantasma da Ópera** – Gaston Leroux
1038. **Evolução** – Brian e Deborah Charlesworth
1039. **Medida por medida** – Shakespeare
1040. **Razão e sentimento** – Jane Austen
1041. **A obra-prima ignorada** *seguido de* **Um episódio durante o Terror** – Balzac
1042. **A fugitiva** – Anaïs Nin
1043. **As grandes histórias da mitologia greco-romana** – A. S. Franchini
1044. **O corno de si mesmo & outras historietas** – Marquês de Sade
1045. **Da felicidade** *seguido de* **Da vida retirada** – Sêneca
1046. **O horror em Red Hook e outras histórias** – H. P. Lovecraft
1047. **Noite em claro** – Martha Medeiros
1048. **Poemas clássicos chineses** – Li Bai, Du Fu e Wang Wei
1049. **A terceira moça** – Agatha Christie
1050. **Um destino ignorado** – Agatha Christie
1051. (26).**Buda** – Sophie Royer
1052. **Guerra fria** – Robert J. McMahon
1053. **Simons's Cat: as aventuras de um gato travesso e comilão – vol. 1** – Simon Tofield
1054. **Simons's Cat: as aventuras de um gato travesso e comilão – vol. 2** – Simon Tofield
1055. **Só as mulheres e as baratas sobreviverão** – Claudia Tajes
1056. **Maigret e o ministro** – Simenon
1057. **Pré-história** – Chris Gosden
1058. **Pintou sujeira!** – Mauricio de Sousa
1059. **Contos da mamãe gansa** – Charles Perrault
1060. **A interpretação dos sonhos: vol. 1** – Freud
1061. **A interpretação dos sonhos: vol. 2** – Freud
1062. **Frufru, Rataplã, Dolores** – Dalton Trevisan

IMPRESSÃO:

Pallotti
GRÁFICA EDITORA
IMAGEM DE QUALIDADE

Santa Maria - RS - Fone/Fax: (55) 3220.4500
www.pallotti.com.br